AI 赋能的数字化
营 销 管 理

刘毅 / 著

中国海洋大学出版社

·青岛·

图书在版编目（CIP）数据

AI 赋能的数字化营销管理 / 刘毅著. -- 青岛：中国
海洋大学出版社, 2025. 5. -- ISBN 978-7-5670-4166-0

I. F713.56-39

中国国家版本馆 CIP 数据核字第 2025SN4687 号

AI 赋能的数字化营销管理
AI FUNENG DE SHUZIHUA YINGXIAO GUANLI

出版发行	中国海洋大学出版社		
社　　址	青岛市香港东路 23 号	**邮政编码**	266071
出 版 人	刘文菁		
网　　址	http://pub.ouc.edu.cn		
电子信箱	502169838@qq.com		
订购电话	0532-82032573（传真）		
责任编辑	由元春	**电　　话**	0532-85902495
印　　制	青岛中苑金融安全印刷有限公司		
版　　次	2025 年 5 月第 1 版		
印　　次	2025 年 5 月第 1 次印刷		
成品尺寸	170mm×240mm		
印　　张	9.75		
字　　数	200 千		
印　　数	1~1000		
定　　价	49.00 元		

如发现印刷质量问题，请致电 0532-85662115，由印刷厂负责替换。

AI 时代的营销智慧与实践蓝图

在当今的商业世界，营销不再是单纯的产品推介，而是企业核心竞争力的关键引擎。数字化浪潮重塑了消费者的决策路径，生成式 AI 模糊了人机交互的边界，我们正迎来营销范式革命的历史性拐点。此时，《AI 赋能的数字化营销管理》的问世，以深邃的思想洞察和切实可行的实践指引，为这个变革的时代献上了一部极具价值的力作。

作为全球商业生态变迁的亲历者，我深知企业家们当下的困惑：传统营销手段在海量数据冲击下日益失灵，消费者的注意力比黄金更稀缺，AI 技术的井喷式发展既是机遇也是迷雾。本书作者凭借二十年营销实战练就的敏锐视角，搭建起"理论革新—战术工具—生态战略"的三维框架，带来三大突破性贡献。

其一，解锁 AI 体验营销的底层奥秘。书中第五章提出的"四维体验矩阵"，打破了传统消费者的旅程线性思维定式，将复杂的体验营销凝练为体验要素、媒介、用户生命周期、购买行为路径四大核心维度，佐以案例剖析与深度思考，为解锁"Z 世代"营销密码提供了可操作的抓手，这种理论与实践的融合令人耳目一新。

其二，锻造数字转型的战术利器。从营销自动化工具的选型图谱（第四章）到 AR+AIGC 全链路解法（第七章），本书如同一部数字时代的"兵书战策"，既授人以鱼更授人以渔。尤其是多个国际大品牌借助 AI 在数字化转型和线上运营提升中的成功案例（第八章），直击痛点，为读者提供了即刻落地的坐标。

其三，勾勒生态共生的战略远景。身处"平台经济 2.0"时代，作者极具前瞻性地于第六章提出共创生态体系，倡导技术与营销深度交融，营造开放、协作、共赢的产业生态，这与海尔集团公司的生态经济变革不谋而合，将营销升维为企业生态战略的洞见，正是本书的独特价值所在。

　　作为正在积极探索 AI 时代数字化营销的实践者，我深信这本书会成为企业家前行的指路明灯。它为 CMO 勾勒出数据驱动的智能营销蓝图，也为 CEO 揭示了技术浪潮下商业重塑的路径。

　　历史反复证明，每一次技术革命都将改写商业规则，唯有兼具工具理性与人性洞察者，才能勇立潮头。《AI 赋能的数字化营销管理》恰是这样一部科技与人文并重的行动指南，它是营销人的必备宝典，值得每位商业领军者反复研读、细细品味。

周云杰

海尔集团董事局主席、首席执行官

重构数智时代的商科教育

当 AlphaGo 击败李世石的那一刻，人类智能迎来了具有历史意义的转折点，如果说这场围棋对决让人类惊叹于人工智能的计算力，那么当 ChatGPT 创作出诗歌、散文以及各种专业文件时，人类不得不承认，人工智能真的具备"创造力"，并且这种创造力的发展速度远远超过人类传统的经验积累和知识探究。

以人工智能、大数据技术为代表的第四次科技革命浪潮，正在以前所未有的势头重塑我们的现实世界。当我们习惯用 Midjourney 设计产品原型、用 deepseek 和 ChatGPT 生成商业计划书时，传统营销知识和技能已显乏力。在这场颠覆性变革中，《AI 赋能的数字化营销管理》的出版，为我们在营销管理领域提供了前沿参照系，同时也对高等教育的持续改革带来了新启示。杜威曾说，如果今天我们还像过去那样教学，我们就是在掠夺孩子们的明天。如果我们想培养出未来的营销人才，首先就要清楚未来营销是什么样子。本书试图给出数智化时代下商业营销的未来图景，书中描述的"AI 体验营销理论体系"就是对未来营销图景的有力诠释；同时，书中还提到了数字化营销工具和技术（第二章）、四维体验矩阵（第五章）、基于复杂系统理论的生态共创框架（第六章）、全链路 AR+AIGC 营销实验平台（第七章）等内容，都是在不断突破传统商科的知识边界，也为重构商科教育体系提供了关键技术支撑。

《AI 赋能的数字化营销管理》不仅是商科教师案头的参考书，更应该成为所有教育工作者思考"智能时代大学何为"的启示录。当我们翻开这本书，看到的不仅是营销理论的进化史，更是一个关于如何重塑未来商科教育的畅想。

西安欧亚学院以商科为特色，本书给了我们很多启发和帮助，我们正在建设"数字营销实验室"，将要打造虚实融合的实践教学场域，学生可以在这里结合现实工作情景，与算法智能体、数字消费者和物理空间进行多维交互，这种沉浸式学习体验将彻底革新商科教育的传统模式，为学生带来前所未有的学习体验。

德鲁克说，企业有且只有两个基本职能，就是营销和创新。企业应该专注于为客户创造价值，而不是简单地推销产品，这一理念已成为现代营销的基本原则。AI 赋能不仅是帮助企业提高营销效率，更要帮助企业洞悉客户需求，反思客户价值创造的全过程是否有效。不管人工智能未来会多么强大，会多么超出人类的预期，"以人为本"的理念是不会变的，企业为客户创造价值的本质也不会变。在数智时代下，一方面，我们要思考如何拥抱人工智能，用好这个新质生产力，来推动社会进步和教育改革；另一方面，我们要坚守最本质的东西和最底层的秩序，用哲学反思对抗科技异化，做到"以人为本"，科技向善。

胡建波

中国民办教育协会副会长，中国高等教育学会常务理事，

西安欧亚学院创办人、董事长

开启 AI 赋能的营销新纪元

在这个数据如潮、算法驱动的时代，营销的规则正在被重塑。消费者的注意力日益碎片化，技术迭代的速度令人瞠目，传统营销理论的边界不断被突破。作为一名长期从事营销实践与理论研究的从业者，我深刻感受到，我们既面临前所未有的挑战，也站在一个充满机遇的历史节点——人工智能（AI）的崛起，正在重塑营销的底层逻辑。

本书并非学术著作。在人工智能时代，传统营销理论已被广泛描述、解读和阐述，其关注度逐渐降低，因此本书无意重复这些概念性内容。当前，AI 在营销中扮演着愈发重要的角色，有人甚至认为它已承担了大量工作（尽管具体比例因行业而异）。基于此，本书以案例研究为核心，选取世界 500 强企业及创新科技公司的实践经验，旨在为营销人员提供创意启发。考虑到许多读者是利用碎片化时间进行阅读，完整且具体的案例更能带来实用价值。因此，这是一本以实践为导向、以案例为主体的营销指南，聚焦于如何借助 AI 提升效率、助力企业数字化转型。

撰写本书时，我始终秉持"知行合一"的理念：既注重理论体系的严谨性，又强调案例的实操参考价值。本书收录了数十个国内外典型案例，涵盖零售、金融、文娱等多个行业，既有世界 500 强企业的成熟实践，也有新兴科技公司的前沿探索，力求呈现一幅立体化的 AI 营销全景图。

本书的目标读者不仅包括营销从业者，还包括企业管理者、技术开发者以及对 AI 与商业融合感兴趣的学者。无论你是希望构建 AI 驱动的营销体系，还是探索未来十年的行业机遇，这本书都能为你提供启发与参考。

最后，我想引用管理学家彼得·德鲁克的一句话："预测未来的最好方式是创造它。"AI 与营销的融合，正是一场关于未来的创造实验，愿本书成为你在这场实验中的"指南针"。

刘毅

2025 年 3 月

目录

第四部分　实战前沿：AI 体验营销的创新与案例

第五部分　未来视野：AI 体验营销的趋势与战略布局

第一部分
营销新纪元：挑战、趋势与理论革新

第一章：当代营销的挑战和趋势

● 技术进步与营销创新

1. 数字化革命对营销的影响

随着数字革命的推进，营销行业的互动方式和运营模式都发生了巨大变革。数字工具、平台和数据的应用为品牌和客户之间建立了快速、个性化的互动渠道，同时也改变了传统营销的运作方式。

（1）效率提升。

数字化自动化工具（如客户关系管理系统 CRM）和营销自动化平台简化了许多烦琐的营销流程，使得品牌能够更快地响应客户需求。例如，CRM 系统可以自动发送定制邮件、定时发布社交媒体内容，帮助营销团队以较少的资源进行更大规模的互动和管理。通过这些工具，企业可以迅速分析数据、实时调整策略，显著提高了效率。

（2）数据驱动的决策。

数据分析工具的引入使得品牌能够深入分析用户行为、偏好和趋势。通过收集和分析大量的用户数据，品牌可以预测市场需求的变化，制定精准的营销策略。例如，数据分析能够帮助识别哪些产品组合更受欢迎或哪些优惠活动能够吸引更多点击量，从而使品牌的营销活动更具适应性和成效。

（3）全渠道整合。

随着社交媒体、电子邮件、应用程序等渠道的快速发展，品牌必须提供跨平台的一致体验。全渠道整合确保了用户无论通过哪个平台与品牌互动，均能获得相同的体验。这不仅提升了品牌的专业形象和可信度，还极大地增强了客户留存率。通过整合多渠道互动，品牌可以建立更紧密的客户关系，提升品牌忠诚度。

（4）用户体验的优化。

数据驱动的个性化推荐让品牌能够更好地了解客户需求，并提供个性化的内容和产品推荐。生成式 AI 技术支持品牌在关键节点上能够提供高度个性化的体验，帮助品牌在客户决策的各个阶段优化互动，从而增加客户黏性。

案例分析

（1）亚马逊（Amazon）：亚马逊利用大数据和 AI 技术为客户提供个性化推荐。用户在亚马逊浏览和购买商品后，亚马逊的推荐引擎会基于浏览记录、购买习惯以及其他客户的购买数据，提供精准的商品推荐。此举不仅提高了转化率，还增强了客户的忠诚度。

（2）星巴克（Starbucks）：星巴克的"星享俱乐部"会员程序使用数据分析和个性化推荐来优化客户体验。星巴克会根据客户的消费偏好推荐个性化的促销优惠和产品建议，通过 App 发送个性化的消息和优惠券，大大提高客户的回购率和品牌忠诚度。

（3）耐克（Nike）：耐克利用多渠道整合提升了品牌的用户体验。Nike App 和 Nike Training Club App 与线下门店、社交媒体平台无缝衔接，提供个性化的健身计划、产品推荐和忠诚度奖励，使客户可以在不同渠道获得一致的体验。

2. 生成式 AI 在营销中的应用

生成式 AI 的引入为数字营销注入了新的活力。通过 AI 技术，品牌可以更高效地生成内容、实现个性化推荐、提升客户服务和优化数据分析，使营销更智能、更高效。

（1）内容生成。

生成式 AI 能够根据品牌风格和主题，自动生成高质量的内容。这一应用在减少时间和人力成本的同时，还保证了品牌传播的专业性和一致性。例如，品牌可以使用 AI 生成产品描述、社交媒体文案、广告文本等内容，既提升了内容输出速度，也提高了客户互动频率。

（2）个性化推荐。

AI 技术能够通过分析客户的购买历史、搜索习惯和兴趣，提供个性化的推荐内容。个性化推荐不仅能提升客户体验，还能大幅提高转化率。例如，在电商、视频流媒体等行业中，AI 驱动的个性化推荐系统能够精准定位客户需求。

（3）客户服务。

AI 驱动的聊天机器人或虚拟助手使品牌能够提供即时响应的客户支持服务。客户无需等待，即可通过 AI 客服获得帮助，解决常见问题、查询订单、获取产品推荐等。AI 客服提高了客户满意度，降低了人力成本，能够帮助品牌快速响应并解决问题。

（4）数据分析。

生成式 AI 不仅能够分析历史数据，还能够预测客户行为和市场趋势。通过对庞大数据的深度学习，AI 可以提供更具前瞻性的市场洞察力。品牌借此可以迅速识别新的市场机会和消费者的潜在需求，制定精准的营销策略。

案例分析

（1）可口可乐（Coca-Cola）：可口可乐利用生成式 AI 生成社交媒体和广告内容。借助 AI 技术，可口可乐的营销团队能够快速生成并分发各种形式的创意内容，并确保内容符合品牌调性和用户偏好，从而吸引了更多年轻消费者的关注。

（2）Spotify：Spotify 的个性化推荐系统是生成式 AI 应用的典型案例。通过收集用户的听歌习惯、偏好和搜索记录，Spotify 的 AI 系统能够为每位用户推荐符合其喜好的歌曲和歌单，显著提升了用户黏性。个性化推荐系统的成功帮助 Spotify 不断扩展用户基数，提高用户活跃度。

（3）迪士尼（Disney）：迪士尼在其客户支持方面使用 AI 虚拟助手帮助游客解答常见问题。游客可以通过迪士尼 App 或网站向 AI 助手咨询关于票务、园区路线、餐饮预订等问题。AI 助手的即时响应能力和全天候服务提升了游客的满意度，并优化了迪士尼的客户服务体系。

总之，随着数字技术和 AI 的发展，现代营销方式发生了显著的变化。数字化工具、数据分析和生成式 AI 的融合，推动了营销从传统的单向传播到数据驱动、个性化互动的转型。这种变化不仅提升了营销效率，更从根本上改变了品牌与客户的互动模式，使品牌能够在客户体验中实现更好的个性化与实时响应。未来，随着 AI 和大数据技术的进一步成熟，企业可以期待更多创新工具的应用，从而构建更加精准、高效的营销战略体系，为品牌带来长期的竞争优势。

● **消费行为的新趋势**

消费行为的新趋势主要包括以下两个方面。

1. 体验式消费的兴起

在当今的体验经济中，消费者更加注重购买过程中的个性化、情感化和互动性体验。与传统的实物购买相比，体验式消费更强调获得独特的情感满足。许多消费者更愿意将金钱花在独特的体验上，如音乐会、餐饮体验或旅行，而不是仅仅购买产品。体验式消费正逐渐成为主流趋势。

在体验经济下，消费者的购买动机经历了显著的演变。以下是消费者购买动机的主要变化。

第一，个性化体验的追求。消费者不再仅仅满足于商品的基本功能，而是追求个性化的体验。消费者期望通过消费表达自我，寻找与其独特需求和偏好相匹配的体验。例如，他们在选择餐厅时，可能不仅关注食物的味道，还会考虑餐厅的环境、设计和服务。企业通过大数据分析和 AI 技术，为消费者提供高度个性化的体验，以满足其多样化的需求。

第二，情感满足的追求。越来越多的消费者希望通过消费获得情感上的满足和身份认同。品牌因此重视"品牌故事"和"情感连接"，并通过社交媒体等渠道塑造品牌的情感形象。这种情感驱动的消费在奢侈品领域表现尤其突出，消费者不仅购买产品，还为品牌带来的情感满足和归属感付费。

第三，"Z 世代"消费者的行为特征。"Z 世代"消费者更倾向于沉浸式和互动式的消费体验。他们追求个性化、高科技和即时的购物体验，偏好通过社交媒体等数字渠道接触品牌。此外，他们对品牌的社会责任感也高度敏感，期望品牌在环境保护、社会正义等方面具备真正的承诺。"Z 世代"倾向于支持符合其价值观的品牌，甚至愿意为此支付更高的价格。

总之，体验式消费的兴起以及"Z 世代"的消费观正推动企业从产品驱动向体验驱动转型，品牌需要通过创新和情感连接来满足消费者对个性化和情感满足的需求。

2. 冲动性购买与消费心理

在当代消费心理的驱动下，冲动性购买行为越来越普遍。特别是受到即时满足、社交媒体刺激以及新兴支付方式如"先买后付"（BNPL）的推动，消费者常常在情感驱动下进行非计划性消费。研究表明，约 92% 的消费者承认曾进行过冲动性购买，而年轻群体更是冲动购买的主要人群。"Z 世代"尤其注重体验与情感满足，通过冲动购买来获得即刻愉悦，如参加现场活动或购买奢侈体验，而不仅仅是商品。

此外，社交媒体的影响不可忽视，尤其是平台上创意广告和网红营销的推动，使得年轻人更容易被突如其来的购买欲望所驱使。TikTok 等平台的网红展示产品及其生活方式，往往让消费者更愿意做出冲动购买的决定。而像"限时折扣"这样的营销策略会加剧这种心理，让消费者产生错失良机的恐惧，从而促成消费行为。

结合这些消费趋势，品牌在制定营销策略时可以更加注重情感驱动和即时满足，利用限时优惠、个性化推荐及沉浸式体验来激发消费者的购买欲望。这种基于心理学的营销策略不仅能增加购买频率，还能提升消费者对品牌的忠诚度。

● **营销环境的挑战**

营销环境的挑战主要包括以下几点。

第一，行业发展日益复杂多变。随着经济环境的稳步发展，营销行业的投资热情和预期似乎有所降温。例如，2023 年的营销投资实际增长较少，而 2024 年的预期增长更是最近四年的最低点。新兴的数字平台和数据隐私法规加大了营销的复杂性，使得品牌必须不断适应变化以保持竞争力。例如，使用 AI 驱动的个性化广告能够提供更精确的客户定位，但同时也会带来隐私和数据安全方面的挑战。

第二，投资缩减。经济的不确定性和不断增加的经营压力使得许多企业缩减了营销投资。尤其是在经济环境动荡的情况下，管理层可能更关注短期收益而非长远的品牌构建，因此营销预算成为首当其冲的削减目标之一。应对这一挑战的方法包括重新利用现有内容和资源，将预算集中在高回报活动上，以提升营销投资回报率。

第三，存量竞争。随着市场逐渐饱和，企业间的竞争日趋激烈，迫使品牌在同类产品中找到独特的价值主张。为了在这种存量市场中脱颖而出，品牌需要采取创新的营销策略，如通过社交媒体内容优化或产品差异化来增强用户的忠诚度和品牌认同感。

第四，用户主导。用户对个性化体验的需求推动了营销技术的变革。AI 技术能够帮助品牌提供定制化的内容和体验，以满足用户的高度期望。然而，创建符合用户偏好的个性化内容也面临一定的挑战，包括数据分析和用户隐私保护等。

第五，内容为王。在激烈的市场竞争中，高质量内容成为吸引用户的核心驱动力。用户期望品牌不仅提供产品信息，还希望品牌能够为他们带来实用、有价值的内容，这需要企业不断进行内容创新。例如，一些品牌通过社交媒体上的短视频、客户故事等吸引用户关注，进一步增强用户的品牌黏性。

第六，营销创新的紧迫性。要应对上述种种挑战，营销创新是必不可少的。利用 AI、数据分析等新兴技术，品牌能够优化营销策略，提供更高效的用户体验。创新的过程需要勇于尝试并快速调整，以应对不断变化的市场需求。

综上所述，营销环境的挑战主要体现在市场竞争加剧、用户需求提升以及营销创新的紧迫性等方面。企业需要通过不断提升自身的营销能力和技术水平，来应对这些挑战并获得竞争优势。

第二章：营销理论的演进与创新

● **经济发展与营销理论演进**

经济发展与营销理论演进是相互影响、相互促进的过程。

1. 经济转型与消费者需求变化

（1）农业经济：以原料生产为主，生产行为简单，消费行为主要满足基本生活需求。

（2）工业经济：以商品制造为主，生产效率提高，消费行为逐渐多样化，开始关注产品质量和品牌。

（3）服务经济：强调服务过程的作用，服务业成为经济增长的重要部分，消费者需求转向服务质量和服务体验。

（4）体验经济：注重创造独特的体验，生产和消费更加注重沉浸与互动，消费者寻求个性化和互动性强的体验。

2. 从产品经济到服务经济再到体验经济

（1）产品经济：关注产品的实用功能和质量，消费者需求主要是功能性需求。

（2）服务经济：增加了对服务的需求，消费者不仅购买产品，还购买与产品相关的服务。

（3）体验经济：消费者需求转变为追求独特的、个性化的体验，企业和品牌通过创造深刻的体验来吸引和留住消费者。

3. 营销理论的演进

（1）传统营销理论：侧重于产品特性、价格、购买渠道和促销信息，主要关注理性购买行为。

（2）体验营销：认为消费者的购买行为不仅受理性分析的影响，同时也被感性因素所驱动，强调通过创造深刻的体验来触动消费者的情感。

（3）AI 体验营销：结合人工智能技术，进一步提升个性化体验和服务，满足消费者的多样化需求。

总之，经济发展在从农业经济、工业经济、服务经济到体验经济的转型过程中，消费者需求逐渐从基础的功能性需求转向个性化、互动性强的体验需求。营销理论也随之演进，从传统的理性购买行为分析到注重感性体验的体验营销，再到利用人工智能技术的 AI 体验营销，旨在更好地满足消费者的需求并提升他们的体验。

● **传统营销理论的局限性**

传统营销理论在面对快速变化的市场环境和消费者需求时，表现出一定的局限性，主要体现在以下几个方面。

（1）单一视角：传统营销理论更多关注产品和价格等有形要素，忽略了消费者体验的多样性和复杂性。

（2）缺乏个性化：难以针对个体消费者的需求和偏好提供定制化的营销策略。

（3）数据利用不足：传统方法对消费者数据的收集和分析不够深入，无法充分挖掘数据背后的价值。

（4）反馈机制滞后：传统营销手段反馈周期长，难以迅速调整策略以应对市场变化。

● **AI 体验营销理论的提出和理论基础**

AI 体验营销理论的提出：为了克服传统营销理论的局限性，AI 体验营销理论应运而生。该理论结合了人工智能技术的优势，专注于创造和提供个性化、互动性强的消费者体验，以激发和引导消费者在沉浸式环境中产生的情感反应和购买冲动。

AI 体验营销的理论基础围绕体验经济的理论，包括以下两个方面。

1. 体验经济的定义与特征

体验经济是由美国学者 Pine 和 Gilmore 在 1998 年出版的《体验经济》一书中正式提出的概念。体验经济被定义为一种以服务为舞台，以商品为道具，以消费者为中心，创造能够使消费者参与、值得消费者回忆的活动的经济形态。体验经济的主要特征包括以下几个方面。

（1）注重个性化和互动性：体验经济强调为消费者提供深度的沉浸感和互动性，满足他们对个性化体验的渴望。

（2）提供独特的感受和记忆：在体验经济中，消费者不仅仅是购买商品或服务，更是在寻找一种独特的感受和记忆，一种能够触动他们情感、激发他们想象力的个性化旅程。

（3）以体验为卖点：在竞争激烈的市场中，体验可以成为品牌独特的卖点，帮助品牌在市场中脱颖而出。

2. 从 4P 到体验营销的转变

传统的营销理论，如 4P（产品、价格、渠道、促销），主要关注理性购买行为，认为消费者在购买服务时会进行充分的分析和比较，以做出最优选择。然而，随着体验经济的发展，体验营销理论逐渐兴起。体验营销理论认为，消费者的购买行为不仅受理性分析的影响，同时也被感性因素所驱动。消费者追求的不仅仅是商品本身，更是一种幻想、感觉和乐趣的体验。体验营销的核心在于通过创造深刻的体验来触动消费者的情感，实现更深层次的连接和忠诚度。体验营销理论包括感官、情感、思考、行动和关联五个维度，它们共同塑造了品牌体验的丰富性和吸引力。

综上所述，体验经济的理论基础在于通过创造独特的、个性化的体验来满足消费者的深层次需求，从而在市场中获得竞争优势。

基于体验经济的理论基础，AI 体验营销理论的主要特点包括以下几个方面。

（1）体验要素的深化：在感官、情感、思考、行动和关联五个维度上深化体验要素，利用数据分析和个性化技术，为用户创造出更加难忘和有价值的个性化体验。

（2）全周期用户关怀：关注用户全生命周期，通过全渠道触达、个性化推荐等手段，在消费前、中、后各个阶段提供一致和高质量的体验。

（3）购买行为路径优化：利用 AI 技术对用户购买过程中的各环节进行数据采集和分析，设计多样化的购买路径，创建清晰的用户旅程地图，确保每个环节都能提供一致和高质量的体验。

综上所述，AI 体验营销理论的提出和发展，是对传统营销理论的有效补充和创新，旨在通过人工智能技术提升营销效率和用户体验，从而更好地满足市场需求和消费者期望。

第二部分
数字化营销的策略与技术：线上策略与工具

第三章：线上营销策略

● 社交媒体营销

1. 社交媒体平台概览

社交媒体平台是数字化营销的重要组成部分，它们提供了与消费者直接互动和沟通的渠道，以下是一些主要的社交媒体平台。

（1）Facebook：全球最大的社交网络平台，适合品牌建立社区，分享内容，以及进行定向广告。

（2）Instagram：以图片和短视频为主的平台，适合视觉驱动的品牌和个人进行品牌故事讲述。

（3）Twitter：一个以短消息为主的平台，适合快速传播信息和参与公共话题讨论。

（4）LinkedIn：专业的社交网络平台，适合 B2B 营销和职业发展相关内容分享。

（5）Pinterest：一个以图片收藏和分享为主的平台，适合分享灵感和生活方式等相关内容。

（6）TikTok（国际版抖音）：短视频平台，尤其受到年轻用户群体的欢迎，适合创意内容和趋势营销。

在中国，社交媒体平台不仅是个人分享生活点滴的空间，也是品牌进行营销的重要阵地，以下是一些目前在中国比较有名的社交媒体平台。

（1）微信（WeChat）：一个多功能社交平台，提供消息、支付、公众号和小程序等功能，适合进行深度用户互动和内容营销。

（2）微博（Weibo）：类似于 Twitter 的社交媒体，适合快速传播信息和参与热点话题讨论，适合品牌进行事件营销和舆论监控。

（3）抖音（Douyin）：一个以短视频为主的平台，非常适合创意内容展示和趋势营销，尤其受到年轻用户群体的欢迎。

（4）快手（Kuaishou）：同样是一个短视频平台，与抖音相比，快手更注重真实生活分享和社区氛围的营造。

（5）小红书（Xiaohongshu）：一个结合社区和电商的平台，用户分享产品使用体验和生活方式，非常适合进行口碑营销和品牌故事讲述。

（6）知乎（Zhihu）：一个问答社区，用户分享专业知识和经验，适合进行深度内容营销和建立品牌权威性。

2. 社交媒体营销策略与案例

社交媒体营销策略在很大程度上依赖于不同平台的特性、用户行为和品牌目标，以下是常见的社交媒体营销核心策略。

（1）内容策略。

·内容创意和规划：内容策略包括明确品牌定位和主题，制订创意内容计划。形式上应多样化，包括图文、视频、直播、故事等，以适应不同社交平台的特点。例如，Instagram 注重视觉内容，而 Twitter 更适合短而有力的信息。

·品牌故事：品牌故事是内容策略的核心，有助于塑造品牌形象，增进与用户的情感联系。例如，耐克的"Just Do It"通过讲述普通人和运动员的故事来激励用户。

·发布频率和时机：确定内容发布的频率和时间，根据数据分析和平台建议，找出最佳的发布时段，确保内容得到更多的曝光和参与。

（2）受众分析。

·数据驱动的受众研究：通过使用分析工具深入了解受众的年龄、性别、兴趣、地理位置等基本信息，结合心理特征（如生活方式、价值观）来描绘用户画像。

·情感触点：了解受众的情感需求或痛点，可以通过调研或测试不同的内容来找到吸引用户的关键因素，确保内容可以引起共鸣。例如，社交媒体上关于环保的内容往往会吸引注重可持续发展的年轻用户。

（3）互动策略。

·用户参与机制：互动策略不仅仅是被动的回复，还包括引导用户产生内容（UGC）和品牌体验分享。例如，品牌可以设置有奖问答、投票等，增加用户的参与度。

·社交聆听：利用社交聆听工具（如 Brandwatch、Hootsuite）监测用户的反馈、情绪和关注的热点话题，从而调整互动策略，及时应对负面反馈或问题。

·个性化沟通：根据用户的兴趣、互动历史和购买记录，实现个性化沟通。通过 AI 推荐机制或个性化推送，提高用户黏性。

（4）广告投放。

·精准受众定位：社交媒体平台的广告系统，如 Facebook Ads、Twitter Ads、Instagram Ads，允许品牌根据受众的地理位置、兴趣、购买意图等精确定位，提高投放效果。

·A/B 测试：对不同的广告素材、文案、投放时间和定位条件进行 A/B 测试，以找出最佳的广告组合方案。

·重新定位和转换优化：通过再营销广告吸引曾经访问过品牌网站但未完成购买的用户，增加转化率。

（5）危机管理。

·风险预测：预测和识别潜在的社交媒体风险，可以通过定期监测社交媒体舆论和关注的关键话题来识别早期迹象。

·危机处理流程：制定应急预案，包括危机等级划分、沟通流程和责任分配，以便在危机发生时迅速响应。

·透明沟通：危机发生时保持公开、透明的沟通，通过品牌发声赢得用户的信任。

3. 中国市场的社交媒体营销特点

在中国，社交媒体营销策略在内容和推广方式上需要特别定制，以适应其平台和用户特性。

（1）内容创意。

·平台适配：例如，短视频和直播在抖音、快手、B 站等平台非常受欢迎，品牌需要制作有趣、互动性强的短视频和直播内容，以提高用户的关注度和忠诚度。

·品牌人格化：通过内容传达品牌的人格和价值观，使品牌形象更加亲切和真实。像完美日记等美妆品牌，经常通过短视频展示产品使用的真实效果，强化品牌与用户的信任。

（2）用户参与。

·鼓励 UGC：鼓励用户分享自己的体验或产品使用心得，增强品牌的可信度和传播力。例如，品牌可以设置相关话题标签或奖励优秀的用户内容。

·互动活动：利用微博、抖音的挑战赛、话题讨论等方式增加用户参与。例如，品牌可以在微博上发起"话题挑战赛"，用户通过参与话题获得品牌奖品或优惠。

（3）KOL 合作。

·KOL 选择：在中国市场，选择合适的 KOL（关键意见领袖）合作至关重要。不同平台的 KOL 在粉丝基础和内容风格上有所差异，品牌需要根据目标受众选择合适的 KOL。

·直播带货：直播带货是中国社交媒体营销的一大特色，品牌可以与 KOL 和主播合作，通过直播间的即时互动提升用户购买欲望，促进销量。

（4）广告投放。

·精准投放工具：微信广告、抖音广告等平台的广告系统能够实现极其精确的投放，品牌可以在受众分析的基础上优化广告方案，提高转化率。

·社交电商结合：如小红书、淘宝直播，用户可以直接通过社交内容点击购买，形成一体化的消费路径，提高用户转化率。

（5）数据分析。

·效果监测和优化：使用数据分析工具监控各项营销指标，包括点击率、转化率、互动率等，找到并优化效果最好的内容或广告组合。

·AI 和大数据应用：利用 AI 和大数据技术进一步细化受众分析，预测用户的潜在需求和行为趋势，调整策略以适应市场的快速变化。

通过结合社交媒体营销的这些核心策略和在中国市场的定制化做法，品牌可以更有效地抓住市场机会。

案例分析

以下是一些社交媒体营销的案例，展示了不同品牌如何有效利用社交媒体平台。

案例一：奥利奥的推特社区参与活动

奥利奥通过一系列创意性的推特活动成功地利用了该平台与其受众互动。这些活动融合了幽默、实时营销和用户生成内容（UGC），极大地提升了品牌与消费者的互动性。其中一项名为"你可以通过饼干表达自己"的活动，鼓励用户使用奥利奥饼干创作有趣的图片和故事，并分享在推特上。这一活动不仅提升了社交媒体的参与度，还展示了奥利奥富有趣味、充满互动性的品牌形象。

1. 活动的关键要素

（1）用户生成内容（UGC）：奥利奥的活动核心是邀请用户参与创作以奥利奥饼干为主题的图片和故事。通过鼓励粉丝在推特上分享他们的作品，品牌成功利用了 UGC 增加曝光度和互动性。这种方式不仅加强了用户与品牌的互动，还创造了一种社区感，用户在内容创造中也扮演了重要角色。

（2）创意表达：活动突出创意表达，允许用户使用奥利奥饼干作为表达媒介。这一策略与社交媒体上流行的视觉叙事趋势相契合，图片和短视频在社交平台的互动中扮演了重要角色。

（3）实时且充满趣味的互动：和奥利奥之前的活动，如 2013 年超级碗停电期间的"黑暗中仍能浸饼"推文一样，"你可以通过饼干表达自己"的活动充分利用了推特的即时性。奥利奥展现了其在捕捉文化热点时的敏捷性，使用机智且平易近人的语言风格，深受其受众的喜爱。

（4）塑造有趣的品牌形象：长期以来，奥利奥逐步塑造了一个有趣且互动的品牌形象。无论是通过实时营销还是参与流行话题，奥利奥都确保其品牌声音始终保持轻松有趣的基调。这一策略帮助奥利奥在推特和其他平台上建立了忠实且活跃的粉丝群体。

（5）利用病毒性时刻：奥利奥的活动经常能够获得病毒式传播，这得益于内容的简单性和易分享性。活动利用了人们对于创意表达的讨论，邀请用户通过娱乐的方式"玩弄"食物，在社交网络中引发共鸣。

2. 影响与经验教训

（1）增强互动性：通过让用户表达创意，奥利奥加深了与其社区的联系。品牌在推特上的用户参与度、分享量和整体互动性显著增加。

（2）提升品牌知名度：UGC 的使用帮助奥利奥的活动信息扩展到更广泛的受众，增加了品牌的曝光度。

（3）长期品牌建设：奥利奥持续在推特上运行创意性、用户驱动的活动，极大地提升了其有趣且值得参与的品牌形象。

这种策略展示了 UGC 和实时互动在社交媒体营销中的巨大潜力，特别是对于一个想在受众中建立深刻印象的品牌。通过这些活动，奥利奥不仅娱乐了其粉丝，还增强了用户的参与感和品牌归属感，这对打造强大的在线社区至关重要。

案例二： Lululemon 的 Instagram 瑜伽社区

1. 概述

Lululemon Athletica，一个著名的运动服装品牌，利用 Instagram 培育了一个与其目标受众深度共鸣的、充满活力的瑜伽社区。该公司不仅利用平台展示产品，还与消费者建立情感联系，从而增强品牌忠诚度和参与度。

2. 社交媒体策略

（1）互动和社区建设：拥有超过 280 万粉丝的 Lululemon Instagram 账户专注于分享与瑜伽相关的内容、健康提示和社区故事。通过鼓励用户生成内容，如分享个人的健身旅程和体验，品牌为其粉丝创造了一个支持性的氛围。这种方法与公司推广健康积极生活方式的使命相一致，促进了其受众的归属感。

（2）内容多样性：虽然 Lululemon 主要发布以产品为中心的内容，但他们也融入了励志和联名帖子，反映了更广泛的生活方式主题。品牌使用视频、故事和 Reels 来展示人们参与瑜伽和其他健身活动，这不仅展示了产品的功能性，也与观众产生了情感共鸣。

（3）影响者合作：品牌与体现 Lululemon 价值观的健身影响者合作，扩大了其影响力和可信度。这些合作伙伴帮助品牌接触到新受众，并加强了品牌的真实性。

（4）互动活动：Lululemon 经常运行社交媒体活动，鼓励粉丝参与挑战或分享他们的经验。包括竞赛和赠品在内的这些活动提高了参与度，并激励了参与，进一步巩固了围绕品牌建立的社区。

3. 对品牌忠诚度和销售的影响

Lululemon 通过 Instagram 专注于社区参与，已证明在建立忠诚客户基础方面是有效的。通过共享体验和相互支持培养的情感联系增强了客户保留。通过创建一个超越产品销售的社区，Lululemon 建立了一个与其消费者深度共鸣的生活方式品牌。

4. 结论

Lululemon 的 Instagram 瑜伽社区展示了品牌如何有效地使用社交媒体与其受众建立有意义的联系。通过吸引人的内容、影响者合作和对社区的承诺，Lululemon 不仅推广了其产品，还促进了鼓励健康、福祉和追随者之间联系的生活方式，这一策略显著地促进了其在竞争激烈的运动服装市场中的成功。

案例三： Tiffany 的 Pinterest 珠宝灵感分享

蒂芙尼公司（Tiffany & Co.）有效地利用 Pinterest 作为其数字营销策略的一部分，特别是通过分享珠宝灵感和搭配理念，吸引其时尚意识强的受众。该平台的视觉特性非常适合像蒂芙尼这样的奢侈品牌，使其能够展示其标志性设计，并吸引寻求珠宝搭配灵感的用户。

在 Pinterest 上，蒂芙尼分享其珠宝作品的高质量图片，从经典的订婚戒指到其现代系列，提供链接直接引导用户访问其网站，以实现无缝的购物体验。同时，对美学和优雅的关注有助于品牌吸引对时尚、婚礼和生活方式灵感感兴趣的受众，将蒂芙尼的奢侈形象与其渴望的目标市场相一致。此外，Pinterest 还允许品牌与客户进行更互动的交流，鼓励他们保存和分享蒂芙尼的图钉，从而自然地扩大其影响力。

这种 Pinterest 策略增加了公司在 Instagram 和 Twitter 等平台上更广泛的社交媒体努力，蒂芙尼在这些平台上展示其传统、工艺和可持续性承诺，保持其受众在多个数字接触点的联系和参与。通过这样做，蒂芙尼保持了其在奢侈珠宝市场的领导地位，同时拥抱现代数字营销趋势。

案例四：完美日记的小红书营销

1. 品牌增长与小红书平台的紧密合作

完美日记自 2017 年底开始在小红书上布局，利用平台的流量红利，采取金字塔式的投放策略，与不同层级的内容创作者合作，形成多层次的内容传播。通过与 800 多个粉丝数破百万的博主合作，进行协同营销，触达更广泛的受众群体。

2. 高质量内容营销与用户互动

完美日记在小红书上的成功，得益于其高质量的内容营销。品牌通过种草功能，鼓励用户自发分享使用心得，形成病毒式传播，提高品牌的曝光率，并增强用户的参与感和忠诚度。

3. 集中投放与大促预热

完美日记在特定节点集中推广新品，并通过后续的大促活动快速冲刺销量。这种策略使得完美日记在短时间内实现了销量的快速增长，仅用 8 个月的时间，销量就增长了近 50 倍。

4. 销量增长与市场表现

2018 年天猫"双十一"，完美日记仅用 90 分钟即突破 1 亿销售额。2019 年天猫"6·18"，完美日记第一小时就荣登天猫彩妆 Top1，销售增速达 1193%，成为消费品行业的明星品牌。

5. 私域流量的运营

完美日记通过实体商品中的卡片引导用户添加微信个人号，构建出几十万的微信好友流量池，同时利用自动化回复提高了运营效率。通过打造"小完子"这个 KOC 的朋友圈人设，有效营销用户的购买决策，引导最终的复购行为。

6. 品牌升级与市场拓展

完美日记更换品牌 Logo，简化为"P""D"两个字母，赋予了品牌更多的品牌价值解读空间，向其"探索欧美时尚趋势""研发'高品质、精设计'的时尚彩妆产品"的愿景再向前迈进一步。

7. 投放策略的精细化

完美日记在小红书的投放策略上，每个时期都集中在 1~2 个产品，爆款的目标非常明确。而在后续时间内，产品的销量均能获得大幅拉升，证明大部分爆款都打造成功了。

综上所述，完美日记通过在小红书上的精准营销策略，成功地将自己打造成热销国货美妆品牌。其成功的关键在于准确把握了小红书平台的流量红利，并通过多层次的内容营销和高效的用户互动，实现了品牌的快速崛起。

案例五：喜茶的抖音创意短视频

喜茶通过抖音平台发布创意短视频，展示新产品和品牌活动，成功提升了品牌影响力和产品销量。

1. 创意内容与年轻用户互动

喜茶利用抖音平台的年轻用户基础，发布创意短视频，展示新产品和品牌活动。例如，喜茶在 2022 年发布了多款爆款产品，如"多肉葡萄家族""多肉桃李"，并通过抖音直播展示这些产品。直播形式区别于传统带货模式，更注重品牌沟通和产品拟人化展示，使用户感受到品牌的文化和理念。

2. 精准定向推广与用户参与

喜茶通过抖音短视频广告进行精准定向推广，吸引用户点击和转化。例如，在白色情人节期间发起＃单身抱＃活动挑战，吸引了大量用户的参与和互动。这种活动不仅增加了品牌的曝光度，还促进了用户的参与感和品牌忠诚度。

3. 达人合作与影响力扩大

喜茶与抖音达人合作，通过他们的影响力扩大品牌传播范围。例如，邀请人气主播参与直播预热和现场互动，进一步提升了活动的关注度。这种合作不仅增加了品牌的可见度，还通过达人粉丝的传播效应，实现了更广泛的用户覆盖。

4. 跨界联名与话题炒作

喜茶通过跨界联名和话题炒作等方式进行品牌推广。例如，与珠宝品牌周大福联名推出新品，并通过抖音联合直播进行推广，成功吸引了大量关注。这种跨界合作不仅丰富了品牌的内容形式，还通过联名效应增强了品牌的吸引力。

5. 创意营销活动与品牌曝光

喜茶在抖音上的创意营销活动，如"茶会话·喜茶大爆料"环节，让内部员工走进直播间，揭秘人气联名活动背后的故事，增强了品牌体验。此外，喜茶还推出了丰富的年会直播专属喜福利，如"年终奖"、波波杯、周边大礼包等，让更多消费者体验到喜茶的产品和品牌文化。

6. 直播效果与品效合一

喜茶的抖音直播创新形式收获了良好的效果，总曝光量近9000万，实现真正的品效合一。

7. 社媒营销洞察

喜茶在社媒营销上注重内容投入，如"秋天的第一杯奶茶"成为行业一大节日，连续四年为新茶饮带来持续的销售增长。此外，喜茶也热衷联名，平均每月联名次数超过20次，联名已成为一种常态化营销手段，用以提高品牌忠诚度和复购率。

通过这些策略，喜茶在抖音上实现了品效合一的营销目标，成功地将自己打造成为热销国货茶饮品牌。

案例六：小米的微博互动营销

小米通过微博进行产品发布、用户互动和售后服务，通过微博的强社交属性，增强用户忠诚度。

1. 品牌定位与社交媒体策略

小米作为中国知名的科技公司，一直致力于开发和销售智能手机、智能家居等产品。小米通过微博等社交媒体平台，积极与粉丝互动，发布新品预告、活动信息、产品使用技巧等，与意见领袖合作，扩大品牌影响力。

2. 微博互动与用户参与

小米在微博上推出了"小米粉丝互动日"等活动，鼓励用户参与共同翻译产品说明书，增强用户的参与感和归属感。此外，小米还通过设置话题页、邀请明星代言等方式，聚合内容并引发热点，提升品牌认知度和口碑效应。

3. 创意内容与病毒式营销

小米在微博上发布创意短视频，展示新产品和品牌活动，利用抖音的年轻用户基础，提高品牌影响力。小米的"病毒式"营销通常以创意内容和话题为核心，通过社交媒体平台进行传播。

4. 售后服务与品牌形象

小米通过微博回应用户投诉，及时解决用户问题，维护品牌形象。这种高度的互动性和透明度使得小米能够更好地与用户建立信任关系。

5. 多渠道融合策略

小米通过微博的多渠道融合策略，成功地将社交媒体的影响力转化为品牌忠诚度和销售增长的动力。这种以用户为中心的互动营销模式，为其他品牌提供了宝贵的经验和借鉴。

6. 社交媒体营销效果

小米的微博营销成功提升了品牌影响力和产品销量。通过精准定向广告、达人合作、跨界联名等方式，小米在抖音上实现了品效合一的营销目标。

7. 快速迭代与生态系统构建

小米通过快速迭代产品，能够及时响应市场变化和用户需求，保持产品的竞争力。同时，小米积极布局智能生态系统，将手机作为核心控制终端，连接各类智能硬件产品，形成了一个完整的生态闭环。

8. 国际市场布局

针对不同国家和地区的市场特点，小米制定差异化的市场策略和产品策略，加强本地化营销和售后服务，提升小米在国际市场的品牌知名度和影响力。

通过这些策略，小米成功地利用微博等社交媒体平台进行互动营销，增强了用户忠诚度，提升了品牌知名度和产品销量。

案例七：海尔的快手品牌重塑

家电品牌海尔通过快手平台展示产品使用场景和员工日常工作，重塑品牌形象，拉近与消费者的距离，以下是该案例的详细分析。

（1）品牌自播与达人合作：海尔在快手平台上实施了"品牌自播＋达人合作"的双管齐下策略。在品牌自播方面，海尔通过成熟的矩阵账号经营链路，在快手打造了品牌阵地，持续提升粉丝黏性，海尔官方旗舰店跻身快手消电家居"第一店铺"。在达人合作方面，海尔与快手多位头部主播合作举办专场直播带货，多次打破销售记录，单场直播家电单品销售额最高破1亿元，家电专场单场带货成绩超1700万。

（2）直播活动与销售成绩：海尔在"快手116"超品日期间进行了长达16小时的自播，最终取得了超1000万的GMV。在"双十一"期间，海尔在快手上的总零售额突破2.5亿元，同比增幅超270%，新增会员人数达2.5万，直播累计观看人数超752万。

（3）产品销售亮点：在商品方面，海尔冰箱、洗衣机和空调等多款商品获得快手粉丝的信任与支持。其中，526 L冰箱累计销售1794台，MATE35洗衣机单场销售额破1亿元，KCA空调两场直播卖出1583台，473L冰箱＋189洗衣机套装更是累计销售 1047 套。

（4）品牌增长与市场策略：海尔在快手还有"官方旗舰店＋品牌旗舰店＋POP 店"的立体化店铺矩阵，让后入场的用户有了在快手买海尔便宜又方便的感受。海尔通过快手平台的流量优势和电商扶持政策，快速完成了品牌冷启动，并从官方品牌旗舰店扩展为各个子品类旗舰店，同时也在纳入更多经销商店铺，尝试进行线上线下融合的深度合作。

（5）品牌年轻化与场景营销：海尔旗下面向 Z 世代人群的年轻化家电品牌 Leader 电器，持续深耕"Z 时代"消费者的兴趣圈层。在品牌创立两周年之际，Leader 联合快手超有意思直播间 IP，以及 2024 重庆"6·18"电商节本地消费节日 IP，开启快手＆Leader 青年生活节暨重庆电商节活动，聚焦一站式满足年轻人娱乐放松、场景体验、家电购买等多层次需求。

（6）物联网与场景展示：海尔计划在快手上做物联网，包括全屋家电和家电互联、场景展示等，这也是海尔未来发展的着力方向。在快手直播过程中，海尔也进行未来战略和产品调整观念的传递，从产品到成套、从成套到场景。

通过这些补充信息，您可以更全面地了解海尔如何通过快手平台进行品牌重塑，以及其在直播电商领域的成功策略和市场表现。

案例八：阿迪达斯的微博话题营销

阿迪达斯通过微博发起话题活动，鼓励用户分享自己的运动故事，提高品牌与用户的互动和参与度。

1. 欧洲杯期间的营销活动

（1）话题营销：阿迪达斯在欧洲杯期间推出了#First Never Follows#和#就秒你#两个话题，这些话题不仅在广告片尾出现，还通过赞助球队、球员以及阿迪达斯官方微博的推广，实现了高阅读量和讨论量，达到了 4000 万＋的阅读数和 2 万＋的讨论数。

（2）话题页植入：阿迪达斯创建了#成皇或败寇#话题页，并将其植入微博热门话题榜中，进一步扩大了话题的传播面和曝光度。

2. 明星代言营销活动

阿迪达斯一直用明星来增强品牌和消费者之间的沟通与互动，借助明星效应带来巨大的年轻人流量，提高品牌在消费者心目中的认可度。

3. 与运动小达人的合作

阿迪达斯通过与运动小达人合作，分享他们在运动过程中的坚持和自律故事，进一步增强了品牌的亲和力和用户参与感。

4. 微博话题营销成果

阿迪达斯通过微博话题营销，有效地提升了品牌的知名度和用户互动。通过精准把握话题要点，结合明星效应和用户生成内容，阿迪达斯成功地在社交媒体上构建了一个积极互动的品牌形象，并增强了与消费者的联系。

5. 其他营销活动

（1）新年造万象：阿迪达斯在新年期间推出了"新年造万象"活动，通过线上线下的联动以及与明星的合作，成功吸引了大量用户的关注和参与，＃新年造万象＃微博话题阅读量高达 2.2 亿，讨论量 167 万 +。

（2）绿色环保营销：阿迪达斯还注重绿色环保营销，与 Parley for the Oceans 合作发起了一项全球运动，以海洋污染为中心，通过讲故事的方式邀请世界各地具有环保意识的买家参与。

通过这些策略，阿迪达斯成功地将传统运动品牌形象转变为更加年轻化、亲民且具有创新性的品牌，进一步巩固了其在市场中的领先地位。

案例九：华为的知乎专业形象塑造

华为在知乎上分享行业洞察和技术知识，与用户进行专业讨论，建立品牌的权威性和专业形象。

1. 背景介绍

华为作为全球领先的信息与通信技术（ICT）解决方案供应商，在国内外市场上享有极高的声誉。为了进一步提升品牌形象，特别是在年轻一代消费者心中的地位，华为选择利用社交媒体平台——知乎来加强与用户的沟通互动，并通过分享行业洞察和技术知识来塑造其专业性和权威性。

2. 策略实施

（1）利用问答功能建立联系：华为通过积极参与知乎上的各类问题讨论，包括产品使用体验、技术难题解答等，直接面对终端用户的需求，展现企业开放透明的态度。

（2）开设专题专栏：华为在知乎上开设专栏，定期发布关于最新科技趋势、研究成果等内容的文章，邀请内部专家或合作伙伴撰写高质量的内容，以此吸引更多对特定领域感兴趣的专业人士及普通读者的关注。

（3）组织线下活动：华为举办 OPENDAY 等活动，邀请知乎上活跃的用户参观公司总部或者研发中心，亲身体验企业文化和技术实力；同时，设置现场交流环节，促进双方更深层次的理解与合作。

（4）推动技术创新：华为通过"十大发明"评选活动鼓励员工不断创新，并将优秀项目推向市场；同时，参与国际标准制定工作，确保公司在行业内保持领先地位。

（5）多渠道传播：华为除了在知乎平台之外，还充分利用其他社交平台，如微博、微信公众号等进行同步推广，扩大影响力范围。

3. 成效评估

（1）品牌认知度提升：自开展上述计划以来，华为在目标群体中的知名度有了显著增长。

（2）用户黏性增强：随着越来越多高质量内容的产出以及线上线下相结合的方式加深了用户对于品牌的信任感，使得他们更愿意长期跟随和支持华为的发展。

（3）技术创新能力得到认可：华为通过持续不断地投入研发资源并积极申请专利保护，已经成为多个关键技术领域的领导者之一。

（4）社会责任感体现：华为积极参与公益事业和社会服务项目，展现了一个负责任的大企业形象。

4. 结论

通过对华为在知乎平台上的专业形象塑造案例的研究可以看出，合理运用新媒体工具结合传统营销手段，能够有效帮助企业提高自身竞争力。未来，随着技术进步和社会变迁，如何更好地适应新环境变化将是所有企业都需要思考的问题。而对于像华为这样已经取得一定成绩的企业来说，则更需要不断创新求变，才能继续保持领先优势。

这些案例展示了社交媒体营销的多样性和创新性，从内容创意到用户参与，再到 KOL 合作和数据分析，企业需要根据自身品牌特点和目标受众选择合适的社交媒体平台和策略，以实现最佳的营销效果。

● **内容营销**

1. 内容营销的重要性

随着中国互联网普及率不断上升，网民规模、互联网平台用户规模增长迅速。一方面，用户基数正不断扩大，更多用户涌入互联网平台。据 CNNIC 2024 年 6 月数据，网络视频、短视频是用户主要使用的应用类别。另一方面，中国互联网内容平台的用户使用时长也在提升。内容产业经历了多轮变革，创作渠道与媒介形式正发生不断变革。从 PC 端到移动端，从门户网站到社媒平台，从图文到短视频，从影视剧到微短剧，从秀场直播到电商直播，创作者们的内容载体正不断转移。与此同时，我们看到，内容话语权也在不断下放，从专业媒体到 PGC、

PUGC、UGC，甚至到 AIGC，内容创作门槛越来越低，内容生态迎来全新变革。内容营销是一种长期、以客户为中心的营销策略，旨在通过提供有价值的内容来吸引和维系受众，从而推动客户采取有利于品牌的行动。以下是内容营销在品牌战略中的关键作用。

（1）建立品牌权威。

· 领域专家身份：高质量、深入的内容能够使品牌在特定领域中树立专业形象和权威性。例如，HubSpot 通过发布有关营销、销售和客户服务的深入内容，成为业内的权威。

· 信任度和公信力：持续的内容输出不仅传达品牌知识，还可以提升品牌的可信度，使受众更加信任品牌信息。

（2）提高搜索引擎排名。

· SEO 友好的内容：通过关键词优化、结构化数据和高质量的内容，品牌可以提高在搜索引擎中的排名，从而增加曝光机会。例如，利用用户常用的长尾关键词和相关话题内容，帮助品牌在搜索结果中占据更显著位置。

· 持久的流量来源：优化后的内容不仅能够带来短期流量，也会在长期内持续吸引流量，形成自然增长的效果。

（3）增强用户参与。

· 互动性和黏性：内容营销通过启发性、实用性和互动性吸引用户参与，如通过问答、评论区等增加互动。这样做不仅增加了用户的停留时间，还进一步提升了用户的忠诚度。

· 价值连接：通过提供有用信息、指导和解决方案，品牌能够更深入地满足用户需求，进而提高用户对品牌的依赖性。

（4）促进社交分享。

· 提高品牌知名度：引人入胜的内容更容易被分享，从而扩展品牌影响力。例如，信息图、短视频等具备高传播性的内容更容易在社交媒体上广泛传播，吸引更多受众。

· 引发口碑传播：社交分享可以激发受众自发的品牌推荐，有效地推动口碑营销。

（5）支持商业目标。

· 支持全渠道策略：内容营销不仅仅是增加流量，还支持品牌的各个层级目标，从品牌认知、教育用户、潜在客户引导到转化和销售。例如，使用引导性内容来促进产品试用或免费演示，从而引导用户进一步采取行动。

·多层次的转化路径：不同类型的内容可以支持不同的转化目标，如博客文章和电子书吸引潜在用户，而案例研究和客户见证更适合推动购买决策。

2. 内容创作与分发策略

内容创作和分发策略是内容营销成功的关键，需要精准的受众分析、优质内容规划和有效分发。

（1）目标受众分析。

·需求导向：通过市场调研、客户访谈等方法了解目标受众的痛点和需求，确保内容对受众有吸引力。精准的受众分析使得内容创作更具针对性。

·细分受众画像：利用数据分析工具细化受众画像，根据年龄、性别、兴趣等不同特征细分受众，确保内容适配多样化的受众需求。

（2）内容规划。

·内容日历：制定内容日历，规划发布频率、内容主题和渠道，确保发布节奏一致。例如，可依据季节、节日等周期调整内容主题，以保持内容新鲜感和相关性。

·内容主题多样性：在保持主题一致性的同时，内容需灵活调整以适应行业趋势和受众需求变化，从而保持内容的吸引力。

（3）多样化内容形式。

·丰富的内容类型：通过多种形式的内容来满足不同用户的偏好，如博客、电子书、视频、播客、图像和社交媒体帖子。例如，B2B 品牌可以通过白皮书和案例研究吸引专业受众，而 B2C 品牌则可以通过短视频和社交帖文来吸引消费者。

·视频和互动内容：近年来，视频内容和互动内容在提高用户参与方面表现出色。短视频、直播和互动性问答等形式能更好地吸引用户的注意力，增加用户参与感。

（4）内容优化。

·SEO 优化：内容应以用户需求和搜索习惯为基础进行优化，包括关键词分析、标题优化和内部链接结构等，以提高在搜索引擎中的排名。

·数据分析驱动：利用数据跟踪工具分析内容的点击率、停留时间等指标，优化内容效果。例如，分析受众最关注的主题和表现较差的内容，从而调整内容策略。

（5）讲故事。

·情感共鸣：通过故事化的内容来构建品牌形象，使内容更加生动且具吸引力。品牌可以通过讲述客户成功故事、公司发展历程等故事化内容来增强情感连接。

·增强参与感：通过讲故事引导用户从旁观者变为参与者，使内容不仅传递信息，还创造互动。例如，一些品牌通过视频内容讲述用户真实体验的故事来增强品牌可信度。

（6）跨平台分发。

·多渠道策略：根据不同平台的用户特性和内容适配度选择合适的平台分发内容，如在 LinkedIn 发布 B2B 内容、在 Instagram 发布视觉导向内容等，确保内容可以广泛触达目标用户。

·电子邮件营销：电子邮件仍是精准且有效的内容分发渠道，通过给订阅者发送定制化的内容推送来保持联系。

（7）互动与反馈。

·鼓励用户互动：通过问题引导、评论区互动等方式邀请用户参与，增进互动效果。例如，通过投票或提问引导用户讨论，提高用户对内容的投入度。

·反馈收集和优化：通过监测内容的互动数据和用户反馈来优化内容策略，如根据用户反馈调整内容话题或形式，确保内容能够更好地满足用户需求。

内容营销的成功在于持续提供有价值、相关且连贯的内容，通过精准的创作和分发策略吸引和留住用户。

案例分析

以下是一些内容营销的案例，展示了不同品牌如何通过内容营销提升品牌影响力。

案例一：红牛的极限运动内容

1. 背景介绍

红牛通过其极限运动内容营销策略，成功地将品牌与高能量生活方式紧密联系在一起。红牛不仅赞助各种极限运动赛事，如跳伞、滑雪、摩托车赛、自行车赛和攀岩等，还通过制作和分享充满刺激性的极限运动视频，进一步强化了这一形象。

2. 品牌战略

红牛的极限运动赞助活动不仅限于传统的体育赛事，还包括一些创新的极限运动项目，如太空跳伞、悬崖跳水等。其中最著名的案例之一是奥地利跳伞运动员费利克斯·鲍姆加滕高空自由落体进入地球大气层的"近太空跳伞"直播，这一壮举吸引了全球 5200 万观众在线观看，并打破了自由跳跃的最高纪录。

3. 内容营销

红牛通过红牛媒体工作室（Red Bull Media House）来收集、制作和流通极限运动的内容，使其成为极限内容营销的典范。红牛媒体工作室不仅负责生产平面广告和电视广告，还制作了大量极限运动视频，这些内容在全球范围内广泛传播。

4. 品牌与运动员合作

红牛通过赞助和支持极限运动，成功地将其品牌与高风险、高刺激的活动联系在一起。红牛与世界各地的极限运动组织合作，策划和赞助关键赛事，并利用红牛媒体制作精彩的赛事视频，通过 YouTube 等平台进行传播，增强视觉冲击力和分享性。

5. 市场定位与成效

红牛的极限运动赞助策略极大地提升了品牌的全球知名度和市场影响力，成功地吸引了年轻消费者群体，并通过这种独特的市场定位区别于其他竞争对手。此外，该策略还有效地增加了红牛产品的销量和品牌忠诚度。

6. 品牌理念与文化传播

红牛的标语 "Red Bull Gives You Wings" 不仅仅是说你可以从饮料中获得能量，而且是说你可以实现你想实现的任何目标。红牛通过讲述关于成就的故事，将品牌独特性植入受众人群的生活中，讲述成功的故事以及在成功的道路上克服挑战和克服逆境的故事，与受众产生共鸣。

7. 创新与跨界

红牛曾把 F1 赛车开进了滑雪场，玩了一波跨界联动，这显示了红牛在极限运动和赛车运动中的创新和跨界能力。

通过这些策略和活动，红牛不仅提升了品牌的知名度和美誉度，还通过与运动员的合作，为他们提供了展示技能和获得全球认可的平台。这种策略有效地将红牛定位为极限运动爱好者的首选饮品，并通过各种创意项目和活动来吸引公众关注，建立品牌忠诚度。

案例二：宜家的《家居指南》

1. 背景：全球家居设计灵感的来源

宜家（IKEA）是全球领先的家具零售商，以其简约、功能性和经济实惠的设计著称。自成立以来，宜家不仅销售家具，还通过发布每年一度的《家居指南》成为家居设计灵感的重要来源。宜家《家居指南》不仅展示产品信息，还为读者提供了实用的室内设计建议和创意解决方案，帮助人们在有限的空间里实现个性化且舒适的生活环境。宜家的目标客户是那些注重设计感、功能性和价格的消费者。由于这本指南中充满了现实生活中的家居布置实例，因此它具有极强的吸引力。

2. 宜家《家居指南》的内容与功能

每年，宜家都会在全球范围内发布其最新版的《家居指南》，内容从家居布置的创意展示到具体产品的应用。这份家居指南不仅仅是一份商品目录，更像是一部生活方式的手册，包含各种不同房间的布局，如卧室、客厅、厨房、儿童房等，帮助顾客想象如何在家中实现宜家的设计理念。

宜家《家居指南》的一大特色是根据不同家庭的实际需求进行设计规划。指南中的房间设计往往会结合空间大小、预算限制以及功能需求。例如，针对小户型的家庭，宜家会展示如何通过巧妙的收纳设计最大化利用有限空间，推荐的产品包括可以伸缩的餐桌、可堆叠的椅子以及多功能家具。通过这些细致入微的场景设计，读者可以从实际的应用场景中获取灵感，从而轻松将这些创意融入自己的家居生活中。

3. 以人为本的设计：个性化与包容性

宜家《家居指南》不仅仅局限于展示家具产品，更注重传递个性化设计理念，强调"以人为本"的设计理念。无论是大空间还是小空间，宜家的设计方案都通过真实的生活场景来打动消费者。例如，在最新版的《家居指南》中，宜家展示了不同文化背景的家庭如何通过自己的独特方式使用宜家的产品。书中还展示了各种年龄段、职业背景和家庭结构的案例，让消费者可以在多元化的环境中找到适合自己的设计灵感。例如，《家居指南》中展示了一对年轻夫妇在一居室公寓中的生活场景，宜家设计师通过巧妙的布局将他们的居住空间划分为多个功能区。指南中详细展示了如何通过使用滑动隔断和可折叠家具，在白天将客厅变成工作区，晚上又可以轻松转换为舒适的卧室，这样的设计对空间有限的城市居民尤其具有现实借鉴意义。

4. 宜家家居指南的全球影响力与数字化转型

据统计，宜家《家居指南》的年发行量达到 2 亿份，覆盖了超过 30 个国家和地区。这本指南的流行不仅在于其内容的丰富性和实用性，还因为它迎合了不同市场的文化特点。宜家会根据各个国家的消费者需求，调整指南中的家居设计和产品推荐，以更加贴近当地市场。例如，在日本等国，宜家会推出适合小户型的设计，而在美国市场，则更多展示适合大面积住宅的方案。

随着科技的发展和数字化时代的到来，宜家的《家居指南》也逐渐从传统的纸质指南转向了数字化。现在，消费者不仅可以在宜家的官网上浏览和下载电子版《家居指南》，还可以通过宜家的 App 获得更加互动的体验。例如，用户可以使用增强现实（AR）功能，将宜家的家具虚拟摆放在自己家中，提前体验产品的效果。通过这种方式，消费者不再需要依赖想象力，而是可以直观地看到家具摆放后的效果，大大增强了购买的确定性。

5. 操作建议：如何有效利用宜家家居指南

（1）获取灵感：无论你是刚搬进新家，还是想为现有空间做一些小改动，宜家的《家居指南》是一个极好的起点。它涵盖了各种风格和预算的设计方案，你可以根据自己的喜好和需求找到合适的灵感。

（2）制订预算和计划：在翻阅《家居指南》时，不妨根据你的预算和空间需求挑选喜欢的设计方案。宜家通常会在展示图中标注出每件家具的价格，这有助于你快速计算出所需预算。

（3）灵活应用设计技巧：指南中的设计并不需要完全照搬。你可以参考其中的布置思路，结合自己的实际情况进行调整。例如，你不需要买全部的产品，但可以借鉴宜家的色彩搭配和家具布置方式来提升空间的实用性和美感。

（4）数字工具辅助设计：利用宜家的 App 或官网中的互动功能，将选中的家具通过 AR 技术虚拟地摆放在你家里，查看它们的实际效果，帮助你做出更明智的购买决策。

6. 总结

宜家的《家居指南》不仅仅是一本家具目录，它通过真实的场景设计为全球消费者提供了丰富的家居灵感，帮助人们在现实生活中打造出更具功能性和美感的家居空间。通过灵活的设计方案、多元的生活场景和数字化技术的加持，宜家的家居指南继续引领着全球的家居潮流，并在未来有望带来更多创新和便捷的设计体验。

案例三：可口可乐的"分享可乐"活动

1. 背景：品牌营销与情感联系的策略

2011年夏天，可口可乐公司推出了标志性的全球营销活动——"分享可乐"（Share a Coke），这是品牌历史上最成功的营销活动之一。其核心策略是通过个性化产品包装和社交媒体活动，让消费者与品牌建立更深的情感联系。该活动最初在澳大利亚启动，旨在鼓励消费者将自己喜爱的可口可乐饮品与他人分享，并将这一行为与社交互动结合。可口可乐通过简单但富有创新性的手法，将产品转化为情感载体，进而提升品牌忠诚度。

2. 个性化瓶身：与消费者的名字连接

"分享可乐"活动的核心亮点在于将传统的可口可乐标签替换成了人们常见的名字和昵称。最初，可口可乐挑选了澳大利亚最流行的 150 个名字，印制在瓶身上。这一举措立即激发了消费者的兴趣，许多人都迫切希望找到带有自己或朋友名字的可口可乐瓶。在活动初期，瓶子上除了名字之外，还包含了"分享一瓶可乐给

××"这样的个性化提示，直接呼应了活动主题。

3. 情感连接与分享体验

可口可乐通过个性化瓶身传递了"每瓶可乐都是独一无二的"的概念，打破了传统的产品营销方式，将冷冰冰的商品包装转化为充满情感的交流媒介。消费者不仅仅是在购买一瓶饮料，他们更是在通过这瓶饮料传递某种情感——无论是友情、爱情还是亲情。

随着活动的推广，消费者的参与热情大大超出了品牌预期。许多人不仅四处寻找带有自己或亲友名字的可乐，还通过社交媒体分享他们找到的"定制版"瓶身。由于瓶身名字有限，活动甚至引发了一股"找名字"的热潮，人们通过分享图片、交流找到的瓶子，形成了一种互动游戏。这种消费者自发的参与和互动正是可口可乐想要达成的情感联结效果。

4. 社交媒体的驱动与口碑传播

除了瓶身的个性化设计，可口可乐在此次活动中充分利用了社交媒体平台的力量，将线上和线下体验紧密结合。活动的启动阶段，品牌鼓励消费者拍摄自己与名字瓶的合影，并通过社交媒体分享，使用＃Share a Coke＃等话题标签。这种"自发的"用户生成内容（UGC）迅速在社交平台上蔓延，形成了大规模的病毒式传播效应。例如，在 Instagram、Facebook 和 Twitter 等平台上，用户们纷纷晒出自己找到的名字瓶，并分享与朋友、家人分享可乐的温馨时刻。社交媒体上的分享和讨论不仅为可口可乐带来了巨大的品牌曝光量，也进一步加强了品牌与消费者之间的互动。在这场活动中，消费者不仅仅是品牌的受众，还是活动的参与者与推动者，帮助品牌建立了一个全球范围的情感社区。

5. 全球推广与文化定制

由于"分享可乐"活动在澳大利亚取得了巨大成功，可口可乐随后将这一活动推广到了全球多个市场，包括美国、欧洲、亚洲等地区。然而，由于各个国家和地区的文化差异，可口可乐公司在不同市场对活动内容进行了本土化调整。例如，在中国市场，瓶身上印制的名字不仅包括常见的人名，还包括如"老铁""女神""兄弟"等流行的网络用语，贴近年轻消费者的喜好。此外，可口可乐还推出了定制服务，允许消费者在线选择名字，生成属于自己的"私人定制"可乐瓶。

6. 进一步的创新与延续

"分享可乐"不仅仅是一次短暂的营销活动，它为可口可乐品牌未来的个性化营销提供了模板。随着活动的持续，品牌不断推出新颖的方式来保持消费者的兴趣。例如，可口可乐后来在不同的节假日期间推出特别版瓶身，结合圣诞节、情人节等特殊时刻的主题，继续强化消费者的情感体验。此外，品牌还为消费者提供了更多的参与渠道，允许他们通过可口可乐官网或 App 生成自己设计的可乐瓶，并分享至社交网络。

7. 商业效果与品牌影响

"分享可乐"活动不仅在社交媒体上引发了广泛讨论，还为可口可乐带来了显著的商业成功。据统计，活动在澳大利亚首次推出的第一年，可口可乐的销量增长了 7%，在全球其他市场推广时，类似的销售增长现象也普遍存在。此外，这场活动还为可口可乐赢得了无数广告和营销奖项，包括戛纳国际广告节的多个大奖，证明了其在品牌营销中的创新性和有效性。从长远来看，"分享可乐"活动不仅提高了短期的销售业绩，还成功增强了品牌与消费者之间的情感联系。通过个性化的产品体验和社交媒体的互动分享，可口可乐成功将一种平凡的消费行为转化为一种充满温情的社交体验。消费者不再只是购买一瓶饮料，他们也在通过这瓶饮料分享情感、表达自我、连接他人，这正是"分享可乐"活动的独特价值所在。

8. 总结

可口可乐的"分享可乐"营销活动通过简单却创新的个性化策略，将产品与情感体验紧密结合。这场活动不仅提升了品牌的市场表现，也重新定义了消费者与品牌之间的关系。通过社交媒体和用户生成内容的助推，该活动成了全球范围内情感营销的典范，为其他品牌的营销策略提供了宝贵的参考模板。

案例四：Airbnb 的"故事手记"

1. 背景：从住宿平台到文化体验的转变

Airbnb 最初作为一个短期住宿的共享平台诞生，但随着市场竞争的加剧和用户需求的变化，它逐渐将品牌战略从单纯的住宿服务拓展为一种文化和社交体验。Airbnb 希望通过其平台不仅为旅行者提供独特的居住体验，还能促进人与人之间的深度连接和文化交流。为此，Airbnb 推出了"故事手记"（Airbnb Stories）系列，作为其"无处不在的归属"（Belong Anywhere）品牌战略的重要组成部分，旨在通过用户生成内容（UGC），讲述房东和旅行者之间的真实故事。

2. "故事手记"系列：真实情感与社区归属感的表达

Airbnb 的"故事手记"系列以独特的方式展示了房东和旅客的经历，通过他们的故事，强调了社区和归属感的重要性。与传统广告不同，Airbnb 通过这些真实的用户故事，展现了平台上发生的深度文化交融和人际互动。每个故事都聚焦于个体如何通过 Airbnb 的旅途体验，形成深刻的情感连接和难忘的回忆，从而为品牌注入了更深层次的人文关怀。

这些故事以个人视角叙述，包括旅行者如何融入当地生活、如何在与房东的互

动中体验当地文化以及他们所结交的新朋友和所建立的情感纽带。例如，有的旅客
分享了他们在房东家中庆祝节日的经历；有的房东则讲述了接待来自世界各地客人
的丰富体验。这些故事通常都伴随着感人至深的情节，传递出"家"的温暖与旅行
带来的独特体验。

3. 内容的传播：多平台推广与视觉效果

Airbnb 通过多个渠道推广这些故事，充分利用社交媒体和视频平台的广泛覆盖
面，使得故事手记的影响力迅速扩大。每个故事都通过高质量的视觉和叙事手法展
现，无论是 Instagram 上的短视频、Facebook 上的故事分享，还是 YouTube 上的完
整纪录片形式，这些内容都以其真实性和情感共鸣打动了观众。例如，一些最受欢
迎的故事包括游客讲述他们如何在房东家中找到了家一样的感觉，这不仅让观众感
受到真实的情感交流，还进一步强化了 Airbnb 作为一个超越住宿体验的品牌形象。
用户也能够通过这些平台分享自己使用 Airbnb 的独特体验，形成了大量的用户生成
内容（UGC），极大地增强了品牌的可信度和亲和力。

4. 社区精神的强化：归属感的构建

"故事手记"系列的另一个重要目标是加强 Airbnb 的社区文化。通过分享旅行
者与房东的故事，Airbnb 突出了旅行不仅仅是一次短暂的住宿，更是一次文化与情
感的交流。每个 Airbnb 的住宿不仅仅是一个房子，它承载了房东的个人故事和情感
历史，而旅行者通过与房东的互动，进一步加深了对当地文化的理解与认同。

这种社区归属感与 Airbnb 的核心理念紧密相连，即"无论你走到哪里，都能感
受到家的温暖"。Airbnb 通过"故事手记"系列让用户看到，平台上发生的事情远
不止是房屋租赁，更是一种全球性的社会互动。许多房东和旅客通过这次体验形成
了长久的友谊，甚至在之后的生活中保持联系。这种深层次的人际互动，极大地提
升了平台的用户黏性和忠诚度。

5. 用户生成内容（UGC）的力量与品牌可信度

Airbnb 的"故事手记"系列特别强调了用户生成内容（UGC）的力量。通过鼓
励房东和旅行者自发分享他们的故事，Airbnb 创造了一种信任和亲密感。这种真实
的、由用户讲述的故事，赋予品牌更多的真实性和人性化，也让潜在用户能够通过
他人的真实体验，感受到使用平台的安全性和可靠性。

在这些 UGC 的推动下，Airbnb 大幅提升了其在社交媒体上的参与度。许多用
户在看到这些真实故事后，产生了强烈的情感共鸣，并开始主动分享自己的 Airbnb
体验。这种口碑效应使得 Airbnb 不仅获得了巨大的社交媒体曝光，也进一步巩固了
品牌在旅行者心中的地位。

6. 个案举例：独特的故事展示

其中一个引人注目的案例是"意大利的共享晚餐"。一位意大利房东分享了他每次接待客人时，都会邀请他们共进晚餐的故事。通过这种分享，他不仅为客人提供了一次地道的美食体验，还与他们建立了深厚的情感联系。许多旅客在评论中提到，这样的故事让他们感受到 Airbnb 的温情与独特体验，与传统的酒店住宿截然不同。

另一个成功的案例是"父与子的冒险旅程"，讲述了一对父子在全球不同地方的 Airbnb 住宿中经历的点滴感人故事。他们通过这些短暂的旅行居住，接触到了不同的文化，结交了新的朋友，形成了难忘的回忆。这种跨越文化与世代的故事让 Airbnb 的品牌形象更加立体，并且向更多人传达了"旅行不仅是看风景，更是建立人与人之间的纽带"的理念。

7. 活动成果：品牌效应与市场影响

通过"故事手记"系列，Airbnb 成功强化了其"归属感"的品牌形象，且取得了显著的市场效果。据统计，Airbnb 的社交媒体参与率在活动期间显著上升，许多"故事手记"内容通过用户分享在全球范围内传播，甚至多次成为热门话题。这种广泛的品牌曝光不仅吸引了更多新用户，也进一步巩固了老用户的品牌忠诚度。

此外，Airbnb 通过这些真实故事的分享，成功地让人们对品牌的认知从简单的短期住宿服务，转变为提供独特、文化丰富的旅行体验。这种转变让 Airbnb 在旅行市场中占据了更加独特的位置，也让更多人愿意选择 Airbnb 作为他们的首选住宿平台。

8. 总结

Airbnb 的"故事手记"系列通过真实的用户故事，将品牌的核心价值——社区、归属感与文化体验——具象化地呈现给全球观众。通过情感共鸣和用户生成内容的力量，Airbnb 不仅提升了品牌的市场知名度，还成功地转变了人们对其服务的理解，让旅行不仅仅是一次简单的住宿体验，而是一场跨越文化与人际的深度交流。这种创新性的品牌营销策略，展示了讲故事的强大力量，也为其他品牌在构建社区归属感和品牌信任方面提供了有益的参考。

案例五：苹果公司的创新故事

1. 背景：创新驱动的品牌形象

苹果公司（Apple Inc.）被广泛认为是全球最具创新力的公司之一。自 1976 年成立以来，苹果公司通过一系列具有革命性意义的技术和产品设计，改变了多个行业，从个人计算机到移动设备，再到数字内容和娱乐。苹果公司的成功不仅仅在于其卓越的硬件和软件产品，还在于其出色的内容营销策略，通过讲述其创新故事，将自己塑造为全球科技行业的领导者。

苹果公司的创新故事通过强有力的叙事手法，将其技术成就与用户的日常生活紧密联系在一起，展示其产品如何提升用户体验并提高其生活质量。这种叙事不仅帮助苹果公司赢得了全球范围内的忠实用户，也使其成为其他企业争相效仿的品牌标杆。

2. 从产品到生活方式的转变：苹果公司的营销哲学

苹果公司的内容营销策略与许多其他科技公司不同，它不仅关注产品的技术规格和功能，还注重讲述产品如何融入并改善用户的生活。每当苹果公司发布新产品时，其营销内容通常聚焦于用户如何通过这些创新工具实现更好的工作效率、创意表达和社交互动。这种"以人为本"的叙事方式让消费者不仅仅是购买一件科技产品，而是感受到一种生活方式的变革。

以 iPhone 的发布为例，苹果公司从未单纯强调这款手机的技术参数，如处理器的速度或屏幕的分辨率。相反，它展示的是用户如何使用 iPhone 拍摄令人惊叹的照片、保持与家人朋友的紧密联系，或者通过 App Store 中的无数应用程序完成各项日常任务。通过这些真实的场景，苹果公司成功地让其产品成为人们生活不可或缺的一部分。

3. 创新故事的核心：设计与用户体验的优先

苹果公司在叙述其创新故事时，总是将设计和用户体验放在首位。这一切可以追溯到苹果公司的联合创始人史蒂夫·乔布斯（Steve Jobs）的设计哲学："设计不仅仅是外观和感觉，而是它如何运作。"苹果通过简洁、直观且极具美感的设计，让用户以最简单的方式享受最先进的技术。例如，iPod 的发布不仅仅是推出了一款 MP3 播放器，而是彻底改变了人们的音乐聆听方式。苹果通过"1000 首歌装进口袋"的广告语，清晰地传达了这款产品的价值——方便、简单、容量大。iPod 不仅以其时尚的设计吸引用户，更通过 iTunes 生态系统为用户提供了一个无缝的音乐体验，彻底革新了音乐产业。

同样，苹果的 Mac 系列计算机也以其独特的设计和用户友好性著称。通过一体化的设计和创新的图形用户界面（GUI），苹果公司成功吸引了那些不仅追求功能性，还重视美学和易用性的消费者。这种以用户体验为核心的设计哲学，使得苹果产品始终处于行业前沿，并不断引领创新潮流。

4. 技术创新的叙述：从个人电脑到智能设备

苹果公司通过不断推出具有革命性意义的产品，引领了多个技术领域的发展。苹果的创新故事始于其个人计算机的创新，特别是 1984 年推出的 Macintosh，这是第一款带有图形用户界面的个人电脑。苹果公司的广告片《1984》在超级碗播出，这不仅成为广告史上的经典案例，也象征着苹果公司打破传统、挑战巨头 IBM 的决心。

随着时间的推移，苹果公司的创新故事扩展到了更多领域。2007 年，iPhone 的发布被认为是移动设备历史上的一场革命。苹果通过将手机、音乐播放器和互联网通信工具整合到一个设备中，重新定义了手机的概念。iPhone 不仅带来了革命性的多点触控屏幕技术，还通过 App Store 创建了一个全新的应用生态系统，为数百万开发者提供了展示其创新应用的平台。通过这种创新，苹果不仅改变了手机产业，也影响了游戏、社交媒体、娱乐等多个行业。

此外，苹果在硬件与软件的紧密整合上也讲述了一个独特的创新故事。无论是 iOS 系统与 iPhone 的无缝对接，还是 Mac、iPad、Apple Watch 等设备之间的跨平台协作，苹果公司始终坚持通过软硬件结合，提供更流畅、更一致的用户体验。这种"端到端"的设计理念大大增强了苹果产品的用户黏性，使得苹果公司在竞争激烈的科技行业中保持了长久的优势。

5. 情感化的广告叙事：让科技更具人性

苹果公司的广告营销是其创新故事中的重要一环。苹果公司从不只是展示产品的功能或技术，而是通过广告传递情感和价值观，激发用户的共鸣。这种独特的叙事方式让苹果公司的广告成了品牌传播的经典范例。

一个著名的例子是 2014 年苹果公司推出的广告《亲爱的》。这支广告展示了一位年轻人使用 iPad 为祖母制作了一本数字相册，记录了祖母一生中的重要时刻。广告的叙事重点不是在技术本身，而是通过技术连接起家庭的情感纽带。这种以情感驱动的广告方式，不仅展现了苹果产品的功能，还让用户感受到它在生活中带来的实际价值与温情。

另一个经典广告是"Shot on iPhone"系列，这一广告展示了用户使用 iPhone 拍摄的高质量照片和视频。通过真实的用户内容，展示了 iPhone 卓越的摄像头性能，同时也让用户感受到自己也可以成为创作者。这种将技术能力与用户故事相结合的做法，进一步提升了品牌的参与感与可信度。

6. 苹果公司的生态系统：从产品到体验的扩展

苹果公司不仅通过单个产品讲述创新故事，更通过其庞大的生态系统，展现了如何为用户提供全方位的体验。从 iPhone、iPad、Mac 到 Apple Watch 和 Apple TV，苹果公司构建了一个紧密集成的设备网络，所有这些设备都通过 iCloud 和苹果公司的软件服务无缝连接在一起。

这种生态系统的构建不仅展示了苹果公司在硬件和软件整合上的卓越创新能

力，还进一步强化了用户的品牌忠诚度。用户可以通过苹果设备无缝共享文件、同步数据和进行设备之间的切换，使得苹果公司的产品成了日常生活中不可或缺的工具。

通过这一生态系统，苹果公司成功讲述了一个超越单个设备的故事：无论用户在使用什么设备，苹果公司都致力于提供最佳的用户体验。这种系统化的创新，让苹果公司不仅在单个产品上获得成功，也在用户的整体数字生活中占据了主导地位。

7. 成果与品牌效应：创新故事的全球影响力

苹果公司的创新故事不仅为其带来了商业上的成功，还塑造了其作为全球科技行业领导者的形象。苹果公司通过将技术创新与情感共鸣相结合，不仅赢得了市场份额，也赢得了消费者的心。正如苹果公司在其营销中所强调的那样，它的产品不仅仅是科技设备，更是用户生活的延伸。

通过持续不断的创新和精心设计的内容营销，苹果公司成功在全球范围内建立了一个强大的品牌忠诚度。用户不仅愿意购买苹果公司的产品，还通过社交媒体、自发的用户生成内容以及口碑传播，主动参与到苹果品牌的推广中。

8. 总结

苹果公司的创新故事不仅仅是关于科技的进步，而是通过内容营销，展示其产品如何真正改善人们的生活。通过讲述用户体验、情感连接和科技创新的故事，苹果公司不仅塑造了自己作为行业领导者的形象，还为全球消费者提供了一种全新的生活方式。这种独特的营销策略，使苹果公司在竞争激烈的科技市场中始终保持领先，成为全球最具影响力的品牌之一。

案例六：小米的社区营销

1. 背景：从互联网品牌到全球科技巨头的崛起

小米（Xiaomi）自 2010 年成立以来，依靠其独特的商业模式和社区营销策略，迅速从一家初创企业成长为全球科技巨头。与传统手机制造商不同，小米并未选择依赖线下渠道或大规模广告投放，而是采用了以互联网为中心的营销模式，并通过建立强大的用户社区来增强用户参与感和品牌忠诚度。

小米的创始人雷军深知，互联网时代用户的参与和互动对品牌成功至关重要。因此，小米从一开始就注重与用户的互动，建立了专属的线上社区（小米社区），通过社区运营和内容分享，构建了强大的用户基础，并借此进行口碑传播。小米的社区营销不仅帮助公司在早期阶段快速积累了大量忠实用户，也为其后续的产品开发、市场推广和品牌建设提供了坚实的基础。

2. 小米社区的建立：用户驱动的产品开发

小米的社区营销的核心是其"粉丝文化"和"用户共创"的理念。小米通过建立在线社区，让用户参与产品讨论、提供反馈，甚至参与到产品的设计和开发过程中。这种"用户驱动"的产品开发模式，不仅增强了用户的参与感，还让小米的产品更符合市场需求。

早在小米推出首款智能手机前，雷军和他的团队就通过社区平台 MIUI 论坛与潜在用户互动，征求他们对安卓系统的改进意见。这种直接的用户反馈机制让小米能够迅速优化其操作系统，并在手机发布时赢得了大量用户的支持与好评。通过这种创新的产品开发方式，小米不仅缩短了产品开发周期，还大幅降低了市场推广的难度，因为首批用户本身就是其品牌的倡导者和推广者。

在随后的产品迭代过程中，小米继续依赖其庞大的社区网络，通过线上论坛、社交媒体等平台收集用户的意见和建议。这种开放的沟通模式极大增强了用户的品牌忠诚度，用户不仅感受到自己的声音被重视，还能参与到自己喜爱产品的改进中，进而与品牌形成了更深的情感连接。

3. 小米的内容营销策略：讲述用户故事

小米的社区不仅是一个用户反馈平台，还是内容营销的核心阵地。小米通过定期在社区中分享用户的故事、产品使用经验和技术攻略，增强了用户之间的互动，并让更多人了解小米产品的实际使用效果。例如，小米社区会鼓励用户分享他们的"米粉故事"，讲述他们使用小米产品的体验、与小米品牌的互动经历以及他们对小米未来发展的期望。这些真实的用户故事不仅丰富了品牌内容，还有效提高了其他用户对品牌的信任感和归属感。用户生成的内容（UGC）在小米的内容营销中占据了重要地位，通过社区中的真实故事和产品评价，让潜在用户在做购买决策时有更高的参考价值。

此外，小米还通过线上直播、视频教程和技术分享等方式，进一步推动内容的传播。小米的工程师团队和产品经理定期在社区中举办技术分享会，解答用户的疑问，并展示新产品的使用技巧。这种高度透明的内容分享方式，不仅帮助用户更好地了解小米的产品，也使得小米的品牌形象更加专业且可信。

4. 小米发布会：社区文化的线下延展

除了在线社区，小米还将其"粉丝文化"延伸到了线下活动中，每年的小米发布会就是其中的代表。小米的产品发布会与传统的品牌发布会不同，它更像是一场"米粉节"，不仅是产品的展示，也是小米用户之间交流的盛会。小米会邀请来自全国各地的米粉参与发布会，与公司高管、产品经理互动，亲身体验新产品。

这种高度互动的发布会增强了小米与用户之间的联系，也让参与的用户感受到自己是品牌成功的一部分。这种活动不仅是小米展示新产品的机会，更是巩固社区文化、增强用户忠诚度的重要手段。通过发布会，小米将其线上社区的活力带到了线下，让用户感受到品牌的亲切与真实。

5. 社区生态的延展：小米生态链的构建

小米的社区营销不仅体现在产品讨论和反馈上，还通过小米的生态链战略进一步深化。小米不仅仅是一家智能手机制造商，它还通过投资和孵化众多生态链企业，推出了一系列智能硬件和生活消费品，如小米手环、米家电动滑板车、空气净化器等。这些产品通过小米社区得到用户反馈，并形成了以小米手机为核心的智能生态系统。

在小米社区中，用户不仅讨论手机、软件更新和功能改进，还分享其他小米生态链产品的使用经验。例如，用户可能会讨论如何用米家智能家居系统控制家中的灯光和电器，或是分享小米手环的运动数据和健康心得。这种多产品线的互动增强了小米用户的整体体验，并使得用户更加依赖小米品牌的全方位服务。

小米生态链企业与小米核心业务之间的紧密联系，不仅增强了用户黏性，还扩大了品牌影响力。通过社区营销，小米的生态链产品得以迅速进入用户视野，并通过用户间的推荐和讨论形成强大的口碑效应。小米的这种生态扩展模式，不仅使其品牌从智能手机领域成功延伸到智能硬件、家居和生活消费品领域，还形成了一个以用户为中心的闭环生态系统，进一步提升了品牌忠诚度和市场竞争力。

6. "米粉节"：社区营销的高峰

小米每年举办的"米粉节"是其社区营销战略的高峰，也是小米与用户建立情感联系的标志性活动。"米粉节"最初是为了感谢小米社区中忠实的"米粉"而设立的，逐渐发展为品牌的重要营销活动。每年的"米粉节"不仅是一场大规模的线上购物盛会，也是小米向用户表达感激、回馈社区的一种方式。

在"米粉节"期间，小米会推出一系列的优惠活动、限时抢购、线上游戏和抽奖，吸引大量用户参与。小米还会在社区中发布关于活动的详细内容，并鼓励用户通过分享"米粉节"的战利品和购物体验，进一步扩大品牌的传播力度。通过这种强互动的活动，小米不仅激发了用户的参与热情，还成功借助用户的自发传播，增强了品牌的市场声量。

"米粉节"不仅是一场购物狂欢，也是小米与用户之间的情感连接点。在活动中，许多用户会在社交媒体和社区中分享他们与小米的故事，以及多年来使用小米产品的体验。通过这种方式，"米粉节"成了小米社区文化的重要组成部分，进一步加深了品牌与用户之间的情感纽带。

7. 挑战与未来：持续深化用户参与

尽管小米的社区营销模式取得了巨大的成功，但随着公司规模的扩大和用户基数的增长，保持高水平的用户参与度和个性化的互动仍是一个挑战。随着全球市场的扩展，小米需要在不同国家和地区建立本地化的社区平台，确保每个市场的用户都能够感受到与品牌的紧密联系。同时，如何在全球化的背景下保持社区的活力，继续吸引用户积极参与讨论和反馈，也是小米未来需要关注的重点。

此外，随着竞争对手在社区营销和用户参与方面的逐渐跟进，小米也需要不断创新，保持其社区的独特性和竞争力。通过更加多样化的内容形式、更加个性化的用户体验以及更为开放的用户共创机制，小米有望继续引领社区营销的潮流，并通过其强大的用户基础和社区文化，保持其在全球科技市场的领先地位。

8. 总结：社区驱动的成功范例

小米通过社区营销构建了一个独特的用户驱动商业模式，从产品开发到品牌传播，用户在每个环节都扮演着重要角色。通过鼓励用户参与讨论、反馈和共创，小米成功建立了强大的品牌忠诚度，并通过用户的自发传播实现了低成本、高效率的市场扩展。

社区不仅帮助小米更好地理解用户需求，还通过内容营销和口碑传播，使小米品牌在全球范围内获得了广泛的认可。无论是早期的产品开发，还是后来的生态链扩展，小米始终依赖其社区力量，保持了与用户的紧密联系。这种以用户为中心的商业模式，为小米的持续增长和全球化扩展奠定了坚实的基础，也为其他企业提供了宝贵的营销范例。

未来，随着技术的不断发展和用户需求的多样化，小米将继续依赖其强大的社区资源，不断创新产品和服务，提升用户体验，进一步巩固其在全球市场的领先地位。

案例七：百雀羚的"国潮"营销

百雀羚的"国潮"营销可以说是其近年来成功逆袭的重要战略之一。作为中国历史上悠久的护肤品牌，百雀羚通过巧妙融合中国传统文化元素和现代设计，不仅在年轻消费者中引发了广泛关注，还成功塑造了品牌新的文化认同感。百雀羚的成功并非偶然，而是基于一系列精心策划的营销活动和内容创作，利用"国潮"这一新兴文化现象，将自身品牌故事、产品优势与现代消费者的需求有机结合。

1. 品牌背景：从老牌国货到"国潮"新宠

百雀羚成立于1931年，曾一度是中国护肤品市场的佼佼者。但随着外国品牌的强势进入以及消费者对本土品牌的兴趣减弱，百雀羚一度面临品牌老化的问题。

然而，随着中国市场上"国潮"文化的兴起，百雀羚抓住这一契机，重塑品牌形象，通过"国潮"风格重新吸引年轻一代的消费者。

"国潮"是指中国本土品牌通过融入中国传统文化和符号，结合现代审美和设计趋势，打造出兼具文化内涵与时尚感的产品。这一潮流不仅在时尚界火爆，也迅速蔓延至美妆、家居等多个领域。百雀羚通过深挖中国传统文化的符号体系，将自身与"国潮"紧密结合，使品牌焕发了新的活力。

2. 文化元素与视觉设计的创新结合

百雀羚在"国潮"营销中的一大亮点是将中国传统文化元素融入产品包装、广告设计以及品牌故事中。这种文化元素的运用不仅增强了产品的视觉吸引力，还赋予品牌深厚的文化内涵。

（1）传统元素的使用：百雀羚常常在产品包装和广告中使用中国古代诗词、山水画、传统色彩（如青绿、朱砂、金色）等经典元素。例如，其系列护肤品包装设计采用了具有中国特色的山水画风格，颜色清新雅致，传递出东方的自然美学。这样的设计不仅提升了产品的审美价值，还增强了消费者对品牌的文化认同感。

（2）产品线设计：百雀羚推出了一些具有浓厚中国文化韵味的限量版或特别款产品。例如，百雀羚与敦煌博物馆合作推出了以敦煌壁画为灵感的限定护肤产品，这种跨界联名不仅延续了传统文化，还通过现代设计语言使其更符合年轻消费者的审美需求。每一款产品不仅仅是一件护肤品，更是一个文化故事的载体。

（3）现代与传统的融合：在设计上，百雀羚将古典与现代相结合，既保留了传统文化的元素，也融入了现代化的简约风格。例如，百雀羚的包装设计线条简洁而富有层次感，既契合了当下的时尚潮流，又通过传统文化符号（如莲花、祥云等）体现了品牌的文化厚度。

3. 内容营销：讲述品牌故事与产品优势

百雀羚通过内容营销，成功打造了其独特的品牌故事，并吸引了对传统文化感兴趣的年轻消费者。其内容营销策略不仅围绕产品本身展开，还通过深入挖掘品牌历史与文化背景，增强了消费者对品牌的情感共鸣。

（1）品牌故事的重新演绎：百雀羚通过广告片、短视频以及社交媒体，重新演绎品牌的历史与文化。例如，在广告片中，百雀羚将品牌与中国古典文化相结合，强调其传承近百年的护肤智慧，展示品牌与中国传统草本护肤理念的深厚渊源。这些内容不仅帮助品牌建立了"国货经典"的认知，也让年轻一代感受到了品牌的文化传承。

（2）跨界合作与内容创新：百雀羚不断与其他具有中国传统文化背景的品牌和机构合作，推出联名产品，同时通过社交媒体平台大力推广这些合作项目。例如，与《国家宝藏》这一文化类电视节目的合作，通过深度挖掘中国古代文化遗产，将百雀羚的产品与文物文化故事相结合，使品牌的文化调性更为立体。这些内容通过短视频、图文创意和互动活动等形式在社交平台上广泛传播，迅速引起了消费者的关注和讨论。

（3）社交媒体与用户互动：百雀羚通过社交媒体与用户保持密切互动，分享护肤小知识、产品使用技巧等内容，同时鼓励用户在社交平台上分享使用体验。通过打造"国货自豪感"和"文化认同感"，百雀羚成功提升了用户的品牌忠诚度。尤其是在年轻用户中，百雀羚通过微信公众号、微博、抖音等平台进行文化传播和互动，拉近了品牌与消费者之间的距离。

4. 百雀羚的成功：数据与市场表现

百雀羚的"国潮"营销不仅成功唤醒了国内市场的关注，也在国际市场上收获了良好反响。

（1）品牌形象转型：通过"国潮"营销，百雀羚成功从一个"老牌国货"转型为一个兼具传统文化和现代时尚感的品牌形象。消费者开始将百雀羚与中国传统文化的代表联系在一起，使其品牌认知度和美誉度大幅提升。

（2）市场份额增长：百雀羚在年轻消费群体中的影响力显著提升，特别是在"90后"和"00后"中，"国潮"产品的热卖为其带来了可观的销售增长。在中国的"双十一"购物节中，百雀羚多次进入美妆类销售前列，尤其是其限量版产品更是经常被抢购一空。

（3）国际化布局：随着"国潮"文化在全球范围内的影响力逐渐增强，百雀羚也开始探索国际市场，通过文化输出的方式，吸引国外消费者对中国传统护肤理念的兴趣。在一些国际美妆展会上，百雀羚的"国潮"风设计吸引了大量关注，为其开拓国际市场奠定了基础。

5. 未来展望：从"国潮"到文化自信

百雀羚的"国潮"营销不仅仅是短期的市场策略，而是其未来长期品牌战略的重要组成部分。通过不断探索中国文化的不同维度（如草本护肤、古典美学等），百雀羚可以进一步深化其品牌的文化认同，并将其转化为市场竞争力。

在未来，百雀羚可能会继续加强与传统文化、艺术、影视等领域的合作，通过跨界营销和内容创新，持续引领"国潮"护肤的潮流。此外，随着全球消费者对文化自信和传统文化的关注度增加，百雀羚也有机会通过"文化输出"进一步扩大国际影响力，成为全球范围内"国潮"护肤的代表品牌。

6. 总结

百雀羚的"国潮"营销成功地将传统文化与现代设计相结合，通过内容营销和社交媒体互动，打造了具有强烈文化认同感的品牌形象。通过深入挖掘中国传统护肤理念和文化符号，百雀羚不仅赢得了国内市场的年轻消费者，也为其未来的国际化发展奠定了坚实基础。

通过这些案例，我们可以看到，无论是国际品牌还是国内品牌，内容营销都是通过提供有价值的内容来吸引和留住消费者，建立品牌信任和忠诚度的重要手段。品牌需要根据自身特点和目标受众，制定合适的内容创作与分发策略，以实现最佳的营销效果。

● 搜索引擎优化（SEO）

1. SEO 的基本原理

搜索引擎优化（SEO）是通过优化网站内容和结构，提升网站在搜索引擎结果页面（SERP）中的自然排名，进而增加流量并提高品牌知名度。SEO 的基本原理和核心要素有如下内容。

（1）关键词研究。

·目标关键词：关键词研究是 SEO 的基础，通过分析用户搜索行为来确定目标关键词，使网站内容和用户需求高度匹配。同时，可以使用工具，如 Google Keyword Planner、Ahrefs 和 SEMrush 来挖掘关键词，并评估其搜索量、竞争程度和点击率。

·长尾关键词：与短词（如 "SEO"）相比，长尾关键词（如 "SEO 优化入门指南"）通常更具精准性，能够吸引有特定需求的用户，提高转化率。长尾关键词更适合竞争较高的领域，因为它们通常更易排名。

（2）内容优化。

·高质量内容：内容优化指创建符合用户需求、结构清晰且原创的内容，重点在于内容的实用性、可读性和独特性。其内容不仅要包含目标关键词，还应具备相关性强的信息，帮助用户解决实际问题。

·关键词密度与位置：关键词应自然地分布在标题、首段、正文、图片 alt 属性和结尾部分，避免关键词堆砌，以确保内容的可读性和 SEO 效果。

（3）网站结构。

·清晰的层次结构：网站结构对搜索引擎的抓取和用户体验至关重要。通过树状结构或面包屑导航引导用户和搜索引擎抓取，确保网站具有良好的层次性，使每个页面易于访问和导航。

·URL 结构优化：使用简单、描述性强的 URL 有助于提高 SEO 效果。例如，包含关键词的短 URL 比复杂的 URL 更易于搜索引擎识别。

（4）元标签优化。

·标题标签（Title Tag）：标题标签是搜索引擎和用户首先看到的内容，影响点击率。标题标签应包含关键词，并引导用户点击，通常控制在 50~60 个字符以内。

·元描述（Meta Description）：元描述不直接影响排名，但对吸引点击有重要作用。元描述应包含关键词，简要描述页面内容，控制在 150~160 个字符以内。

（5）链接建设。

·外部链接（反向链接）：获取高质量的外部链接是建立网站权威性的关键因素。反向链接越多，且链接来自高权重网站，越有助于提升网站在搜索引擎中的信任度。

·内部链接：内部链接有助于优化网站结构，帮助搜索引擎更快地发现并抓取新页面。通过合理的内部链接分配页面权重（如通过指向关键页面的链接），提升重要页面的 SEO 表现。

（6）技术 SEO。

·网站加载速度：页面加载速度是用户体验和 SEO 的重要指标。通过减少图片大小、压缩文件和使用内容分发网络（CDN）提高加载速度，确保用户和搜索引擎顺利访问。

·移动友好性：随着移动搜索的普及，网站的移动适配性成为排名的关键因素之一。响应式设计可以确保网站在不同设备上的显示效果一致，提升移动用户体验。

·SSL 加密：HTTPS 协议（SSL 加密）可以增加用户和搜索引擎对网站的信任感，成为 SEO 排名中的重要指标之一。

2. SEO 策略与实施

有效的 SEO 策略需要详细的计划、持久的执行和定期的监测与调整，以下是 SEO 实施的主要步骤。

（1）制订 SEO 计划。

·目标设定：明确 SEO 的目标（如提高流量、增加品牌曝光、提升转化率等），并为每个目标制定可衡量的 KPI（关键绩效指标）。

·竞争对手分析：分析主要竞争对手的 SEO 表现，包括关键词选择、内容策略和链接建设等方面，借鉴和优化自身策略。

·用户意图分析：理解目标受众的搜索意图（如信息搜索、导航搜索或交易搜索），确保关键词和内容匹配用户需求。

（2）关键词优化。

·关键词分配：将不同的目标关键词分配到相关页面，并在内容中自然地融入关键词，提高页面与搜索意图的相关性。

·关键词扩展：围绕目标关键词创建关联的次级关键词或长尾关键词，确保页面内容覆盖更多用户需求，进一步增加流量潜力。

（3）内容营销。

·定期更新内容：定期发布有价值、原创和相关性强的内容，可以吸引并留住用户，增加网站的自然流量。

·内容推广：通过社交媒体、电子邮件等渠道推广新内容，增加内容的曝光度和点击率，进一步推动 SEO 效果。

（4）技术优化。

·页面加载优化：通过压缩图片、最小化 CSS 和 JavaScript 等方法，提升页面的加载速度，减少用户跳出率。

·移动适配：确保网站在移动设备上的浏览体验与桌面端一致，通过响应式设计提升 SEO 效果。

·结构化数据标记：使用 Schema.org 的结构化数据帮助搜索引擎更好地理解页面内容，获得富媒体结果展示的机会（如评分、产品价格等）。

（5）内部链接。

·关键页面链接：通过内部链接将高权重页面的权重传递到其他页面，提升页面的整体 SEO 表现。

·用户体验优化：设置合理的内部链接有助于提升用户体验，降低跳出率，从而间接提高 SEO 效果。

（6）外部链接建设。

·自然链接获取：创建有吸引力的内容，如白皮书、研究报告和可视化数据，吸引其他网站自发链接。

·外链合作：通过与行业相关网站合作，互相发布内容并添加链接，提高权威性。尤其是与高质量、相关性强的网站建立链接，效果会更佳。

（7）监测和分析。

·使用 SEO 工具：如使用 Google Analytics、Google Search Console、Ahrefs 和 Moz 来跟踪关键指标，包括网站流量、跳出率、点击率和页面加载时间。

·数据驱动优化：根据数据分析结果调整 SEO 策略，如对表现不佳的页面进行内容更新或技术调整，以提高排名和流量。

（8）持续优化。

· 排名和流量监测：持续跟踪核心关键词的排名和网站的整体流量，确保 SEO 策略的有效性，并在需要时进行调整。

· 用户反馈整合：分析用户行为（如页面停留时间、点击路径等）和反馈（如评论、社交媒体互动等），根据用户体验改进内容和页面设计，提高 SEO 效果。

SEO 策略是一个动态、长期的过程，除了内容优化和技术优化，SEO 还需适应搜索引擎算法的变化并根据竞争情况进行策略调整。

案例分析

在内容营销领域，国际品牌通过 SEO 策略在全球范围内增强其在线可见性和品牌影响力。以下是一些国际品牌的 SEO 案例分析。

案例一：亚马逊的 SEO 策略：关键词优化与用户生成内容的双管齐下

亚马逊作为全球领先的电子商务平台，通过精细的 SEO（搜索引擎优化）策略，确保其商品在搜索引擎和站内搜索中拥有极高的可见性。通过深入的关键词研究、产品描述优化、用户评价和问答环节等一系列内容策略，亚马逊实现了从推荐到转化的全链路优化。在亚马逊内部的搜索系统（A9 算法）和外部搜索引擎上，亚马逊的 SEO 策略帮助其在庞大的产品池中脱颖而出，为消费者提供高效、精准的搜索体验，同时也为卖家带来了更多的流量和销售机会。

1. 关键词研究：精准锁定用户搜索意图

亚马逊的关键词研究是其 SEO 策略的核心。通过深度分析消费者的搜索行为和意图，亚马逊能够将用户输入的关键词与产品内容进行有效匹配。以下是亚马逊关键词优化的关键策略。

（1）内部搜索数据分析：亚马逊拥有丰富的用户搜索数据，通过分析这些数据，亚马逊能够发现用户在站内最常使用的关键词、长尾关键词以及用户的搜索意图。基于这些数据，亚马逊能够帮助卖家识别并优化产品标题、描述和后台关键词，确保商品能在相关搜索结果中排名靠前。

（2）长尾关键词策略：亚马逊特别重视长尾关键词（即词组长度较长、搜索量较小但更精准的关键词），以满足用户的多样化需求。对于用户而言，长尾关键词往往具有更高的转化率，因为这些搜索更加具体，表明用户的购买意图更明确。亚马逊的产品页面和后台关键词设置中都会加入与产品相关的长尾关键词，增加了产品在特定搜索下被找到的可能性。

（3）智能推荐与关键词扩展：亚马逊还利用机器学习算法，根据用户的搜索记录和历史行为推荐相关关键词。例如，在用户输入某一关键词后，亚马逊会在搜索栏下方提供一系列关联词或相关搜索建议，帮助用户进一步缩小搜索范围。这种智能推荐不仅提升了用户体验，还增加了平台的成交率。

2. 产品描述优化：从标题到详情页的全方位 SEO

亚马逊通过精细的产品描述优化策略，提高商品在搜索结果中的排名，同时增加页面的可读性和转化率。以下是其产品描述优化的主要手段。

（1）标题优化：亚马逊的产品标题通常会加入核心关键词，确保商品在搜索结果中得到最佳展示。标题中不仅包含品牌名、产品名称和型号等基础信息，还会加入用户关注的功能和特性关键词，以提高标题的吸引力和点击率。例如，一款蓝牙耳机会使用标题"品牌名 + 型号 + 关键词（如降噪功能、无线、便携）"，通过这些关键词的组合来精准传递产品的核心卖点。

（2）产品要点（Bullet Points）优化：产品要点部分简洁明了地展示了产品的核心功能、优点和使用场景。亚马逊在每个产品要点中使用特定的关键词，避免过度堆砌，使内容看起来自然流畅，便于用户快速获取信息。这不仅有利于提升用户体验，也有助于搜索引擎能够更好地识别和匹配产品信息。

（3）详情页内容：在产品详情页，亚马逊会加入详尽的产品说明、使用建议以及其他相关信息。在这些描述中会巧妙地嵌入关键词，同时保持内容的自然度，避免过度优化，提升内容的可读性。亚马逊还会鼓励卖家在详情页中添加高质量图片、视频和 360 度产品展示，以增强页面吸引力和 SEO 表现。

3. 用户生成内容（UGC）：评价与问答环节的 SEO 价值

用户生成内容（UGC）在亚马逊的 SEO 策略中扮演着不可或缺的角色。用户的评价和问答内容为页面带来持续更新的内容流，并通过关键词丰富度的增加，进一步增强了产品页面的 SEO 表现。

（1）用户评价（Reviews）：用户评价不仅为其他潜在消费者提供参考，也为亚马逊提供了自然、实时更新的内容，这些评价包含了大量与产品相关的关键词。搜索引擎能够抓取这些内容，增加页面的相关性权重。例如，在评价中，用户可能会提到"声音清晰""电池续航长"等关键词，这些关键词会在产品页面中增加相关性，并有助于吸引具有类似需求的消费者。

（2）问答环节（Q&A）：问答环节是亚马逊产品页面的一大特色，用户可以直接向卖家或其他用户提问。问答中的内容往往高度相关，并包含大量长尾关键词。特别是一些用户会问到具体的功能、适用性或使用场景，这些问题及其答案成为产品页面中丰富的关键词来源，同时增强了页面的权威性和实用性。

4. A9 搜索算法与 SEO 优化的协同效应

亚马逊的 A9 搜索算法是其站内搜索的核心，A9 算法不仅考虑关键词的相关性，还将转化率、销量和用户评价等因素纳入排名权重。在 A9 算法的推动下，亚马逊的 SEO 策略从关键词到用户生成内容再到转化率优化，形成了一套完整的生态。

（1）相关性与转化率：A9 算法非常重视关键词的相关性和转化率。亚马逊会根据用户点击、浏览和购买记录调整排名，因此商品的描述、标题和详情页优化对转化率的提升有直接帮助。通过匹配精准关键词、优化标题和详情页内容，亚马逊确保用户在搜索时可以快速找到相关产品，提高了用户的转化意向。

（2）产品销量与排名的互动：在 A9 算法中，产品的销量表现会对排名产生影响。用户在搜索产品时，销量较高的产品通常会排在更靠前的位置。因此，亚马逊的 SEO 策略不仅关注页面的关键词优化，还会通过限时折扣、广告投放等手段增加产品的曝光和销量。销量的提升进一步增强了产品在搜索中的排名，实现了销量和 SEO 表现的双赢。

5. 结果与市场表现：亚马逊的 SEO 优势

亚马逊通过一系列 SEO 策略在全球电商市场中保持了领先地位，以下是其SEO 策略带来的几大成效。

（1）高流量与高转化率：亚马逊庞大的商品库通过精细的关键词优化确保了高流量。对于搜索引擎用户而言，亚马逊的页面往往是第一选择，而内部用户的站内搜索体验则更加精准，这一优化大大提升了整体转化率。

（2）用户体验的提升：亚马逊的内容优化不仅是针对 SEO，还为用户提供了简洁明了的信息结构，使得用户能在最短时间内获得所需信息。无论是搜索到的页面标题、简洁的产品要点，还是丰富的用户评价和问答环节，亚马逊都为用户打造了良好的购物体验。

（3）品牌和平台信任度的增强：通过良好的 SEO 表现和用户生成内容，亚马逊的产品页面充满了权威性和可信度。用户能够通过详细的评价、问答和真实的产品图片对商品做出更全面的判断，进一步增强了对平台的信任感。这种信任在用户选择平台时尤为重要，为亚马逊的长期市场增长奠定了基础。

6. 总结

亚马逊的 SEO 策略通过关键词优化、内容丰富度和用户生成内容三大核心，使其在站内和站外搜索中获得了显著的曝光与转化效果。A9 算法、用户评价、问答环节的结合形成了完美的 SEO 闭环，增强了用户体验，提升了转化率，为亚马逊巩固电商领域的霸主地位提供了有力支撑。这种优化策略不仅使亚马逊保持高效运营，也为全球电商平台提供了极具参考价值的 SEO 范例。

案例二：宜家（IKEA）的 "Buy with Your Time" 营销战役

宜家（IKEA）于 2020 年在迪拜推出的"用时间买单"营销战役是一个创新的举措，允许顾客将他们前往宜家商店所花费的时间当作一种货币使用。这一概念特别适用于宜家的地理位置，通常位于城市郊区。顾客可以通过在收银台出示他们的 Google Maps 行程时间线来证明自己花费的通勤时间，这些时间会被转换为"时间货币"，可以直接用于在店内购买商品。

该活动与 Google Maps 合作，旨在解决许多顾客到达宜家商店较为不便的问题，因为这些商店通常远离市中心。宜家根据迪拜的平均时薪来计算时间的价值，使顾客根据花费的时间获得相应的折扣。

这一创新举措不仅鼓励了顾客更频繁地光顾宜家，还巧妙地结合了线上和线下的购物体验。通过运用数字工具如 Google Maps，宜家不仅增强了客户的互动，还提高了品牌在搜索引擎和社交媒体上的可见度。该活动体现了宜家通过创新的技术手段和创意策略提升客户体验的能力，将通勤时间转变为购物的一部分。

该活动最初在迪拜推出，配合宜家 Jebel Ali 店的开业。该活动的成功表明，通过巧妙结合技术和创意，传统的零售体验可以被彻底改变。

案例三：BBC 的《德古拉》户外广告牌

2020 年 1 月，为了宣传 BBC 改编的《德古拉》迷你剧集，BBC 和广告公司 BBC Creative 合作，在伦敦和伯明翰推出了一系列极具创意的户外广告牌。这些广告牌白天看似普通，但在夜晚则展示了惊人的视觉效果：通过灯光投射在广告牌上插入的"木桩"上，逐渐形成德古拉伯爵的侧脸轮廓。这种创意不仅捕捉到了德古拉的阴森气氛，还增强了视觉互动性，吸引大量路人驻足观看和拍照分享。

这次活动的设计独特之处在于白天与夜晚效果的强烈对比。白天的广告牌只是一排木桩，没有特殊之处；但在夜间灯光点亮时，广告牌"变身"为德古拉的形象，形成了戏剧性反差。这种利用灯光和阴影的手法使得广告富有故事性和戏剧感，十分符合《德古拉》的恐怖主题，极大地提升了广告的沉浸感。广告牌旁边还特意设置了一个紧急情况下打破玻璃取木桩的装置，仿佛为对抗"吸血鬼"做足了准备，进一步增强了与观众的互动性和沉浸感。

从营销效果来看，此次广告迅速在社交媒体上引发讨论，观众纷纷拍照上传，赞叹其创意，并引发对新剧的期待与关注。这种独特的视觉设计不仅帮助《德古拉》迷你剧赢得了超过 1770 万观众的关注，还成为 2020 年初广泛讨论的创意广告之一。

此活动不仅提升了节目收视率，还成为广告创意界的经典案例，展示了如何通过视觉创新将广告与主题完美结合，为品牌宣传带来长久的影响。

案例四：LUSH 与 Deliveroo 的 "30 秒定时香皂"

LUSH 与 Deliveroo 合作推出的 "30 秒定时香皂" 活动是在 2020 年疫情防控期间推出的一项创新营销策略，旨在通过传播世界卫生组织（WHO）的洗手建议来促进公众的手部卫生。这款香皂会在使用 30 秒后溶解，正好符合 WHO 推荐的洗手时长，以有效去除病毒。该活动在阿联酋发起，将这种定时香皂随 Deliveroo 的外卖订单配送给顾客，让消费者在日常生活中更方便地养成正确的洗手习惯。此举不仅推动了公共卫生意识的提升，也帮助 LUSH 在疫情防控期间增加了品牌曝光度。

该活动反响热烈，活动第一天就收到了 8700 个在线订单，并在全球范围内分发了超过 15 万个香皂。与此同时，LUSH 官网的流量大幅增加，社交媒体上累积了超过 1200 万次的曝光。在阿联酋，关于 "定时香皂" 的搜索量迅速上升。通过这一创意广告，LUSH 不仅强化了自身品牌的社会责任形象，也展示了品牌如何通过营销为消费者提供实际帮助，并在更广泛的社会问题上产生积极影响。

这些案例展示了国际品牌如何通过创新的 SEO 策略和内容营销，增强其在全球范围内的品牌影响力和搜索排名。通过结合本地文化、创新技术和用户需求，这些品牌成功地在竞争激烈的国际市场中突出了自己的价值和特色。

国内品牌 SEO 案例

案例一：京东

京东（JD.com）在搜索引擎优化（SEO）方面采用了一系列策略，致力于提高其平台产品的曝光率。其关键的 SEO 策略包括对产品标题、描述和关键词的优化，并利用用户生成内容（UGC）来丰富页面信息，增加搜索排名和用户信任度。

1. 关键词优化与产品描述

京东精心研究并选择高效关键词，将其融入产品标题和描述中。这种做法不仅帮助其平台的商品在搜索引擎中获得更高的排名，还能使用户在搜索相关产品时更容易找到心仪商品。此外，京东通过描述的优化让用户能够快速获取产品的核心信息，增强购物体验。

2. 用户生成内容的利用

京东通过鼓励用户撰写评论和参与问答，积累了大量 UGC 内容。这类内容可以增加网页的相关性和独特性，从而提升 SEO 效果。用户评论为潜在消费者提供了真实的购买体验，同时 UGC 还充实了产品页面的内容，使其在搜索结果中更具竞争力。此外，用户评论的社交验证作用有助于建立品牌信任，从而提升转化率。

3. 定期内容更新与技术优化

京东在内容和技术层面持续优化，其 SEO 优化不仅仅是关键词调整，还包括内链结构优化、页面加载速度提升等技术手段，以提升用户体验和页面在搜索引擎中的表现。同时，京东还利用数据监测调整策略，根据用户行为和市场变化及时更新内容，以保持其 SEO 策略的高效性。

通过这些优化措施，京东不仅在电商平台竞争中占据优势，同时也通过提升页面的内容丰富度和质量增加用户黏性。用户生成内容和持续的优化提升了京东页面在搜索引擎中的排名，从而带来了更多有质量的流量。

案例二：携程

携程（Ctrip）通过深入的关键词策略和内容优化，针对旅游行业的特定查询进行了 SEO 优化，提供了大量的旅游攻略、目的地介绍、用户评价和旅行指南，形成强大的内容矩阵，吸引潜在客户的注意。以下是携程在 SEO 策略和内容营销方面的一些具体做法。

1. 关键词策略和内容优化

携程根据用户的搜索意图，围绕热门和长尾关键词构建了有针对性的内容，如热门目的地推荐和旅行预算指南等。通过深度用户访谈，携程策划了"当地必做几件事"栏目，结合达人的游玩经验，生产了全新的深度游玩攻略，让用户做攻略更轻松简单。

2. 技术系统的领先优势

携程在技术系统上具有领先优势，这为其 SEO 优化和内容营销提供了坚实的基础。携程的技术体系包括系统架构、业务系统和赋能系统，如大数据与人工智能平台，进行数据挖掘和推荐。

3. AI 大模型的应用

携程积极布局 AI 大模型，如"携程问道"，服务用户旅游前、中、后各个环节的需求，提供用户特定需求的机票、酒店查询服务，以及目的地推荐和行程安排。

4. 内容到交易的转化链路

携程通过直播生态的布局，完善了内容到交易的转化链路，提高了订单转化率和用户留存率。

5. 榜单升级

携程升级了口碑榜、热点榜、特价榜，为用户提供旅行灵感，补齐内容运营能力，提高转化效率。

6. 社交内容和用户生成内容

携程利用社交内容和用户生成内容，通过用户点评和问答增加页面的互动性和丰富性，提升其在搜索引擎中的排名。

7. 旅游攻略和目的地介绍

携程提供了大量的旅游攻略和目的地介绍，覆盖国内外众多旅游目的地，形成了丰富的内容库。

8. SEO 项目重构

携程对原有的 SEO 项目进行重构，以提高网站在搜索引擎内的自然排名和品牌影响力，主要涵盖酒店和机票两大产线。

9. 异地游和本地游场景优化

携程针对异地游和本地游的不同用户需求，优化了内容展示和用户体验，如通过沉浸式大图传达本地内容的定位，构建内容氛围。

10. 营销升级

携程实施"旅游营销枢纽"战略，以星球号为载体，聚合流量、内容、商品三大板块，打造开放的营销生态循环系统。

通过这些策略和功能的实施，携程成功地增强了页面的吸引力和转化率，成了旅游行业中 SEO 优化和内容营销的典范。

案例三：汽车之家

汽车之家作为一个汽车信息平台，通过多维度的 SEO 优化和内容营销策略，成功提高了在搜索引擎中的排名，并增强了用户体验和转化率。以下是汽车之家在 SEO 和内容营销方面的具体做法。

1. 车型搜索优化

汽车之家通过增加更多的筛选条件，使用户能够更准确地找到符合自己需求的车型，提高搜索效率。

2. 汽车评测和新闻报道

（1）汽车之家以其准确、权威的汽车评测而备受赞誉，提供从外观设计到动力性能的详细分析和评价，为消费者提供选车参考。

（2）汽车之家在新闻报道方面，提供全面、丰富的汽车信息，包括新车发布会和汽车行业动态，满足用户对信息的全面需求。

3. 长尾关键词库建立

汽车之家建立了汽车行业的长尾关键词库，覆盖更多潜在用户的搜索需求，如

"我附近出售的二手越野车"或"城市的豪华汽车经销商"。

4. 内容营销创新

（1）汽车之家在内容营销上不断创新，如与广汽传祺合作的"北极祺迹极地探险之旅"项目，通过多元化内容输出传递车型魅力，获得金网奖整合营销金奖。

（2）汽车之家通过内容营销创新助力行业发展，如与阿维塔合作案例获得 ECI 艾奇奖营销创新类银奖。

5. 用户互动和社区建设

（1）汽车之家拥有活跃的社区，聚集了大量的汽车爱好者和专家，提供丰富的话题讨论、经验分享和问题解答。

（2）汽车之家注重线下运营，举办丰富的线下车友活动，帮助主机厂链接并服务用户。

6. 数字化和科技应用

（1）汽车之家利用大数据、人工智能等技术，开发车企决策解决方案，如车智云产品。

（2）汽车之家新能源车型库全新升级，涵盖了真实数据查询、个性化选配器、智能科技配置虚拟体验等功能，提升用户体验。

7. 生态化战略升级

汽车之家实施"生态化"战略升级，覆盖全链条服务，包括看车、买车、用车、卖车，与平安集团深度协同融合。

通过这些策略，汽车之家不仅提高了搜索引擎排名，还增强了用户黏性和品牌忠诚度，成为汽车行业中的佼佼者。

案例四：唯品会

唯品会作为中国领先的特卖电商平台，通过一系列 SEO 优化和内容营销策略，成功提升了其在搜索引擎中的排名和用户体验。以下是唯品会采取的一些关键措施。

1. 特卖模式下的商品页面优化

（1）唯品会通过与品牌合作，提供品牌特卖，确保商品的一手货源和价格优势。

（2）唯品会的专业团队全球直采，确保商品的正品性和优惠价格，同时通过溯源码增加商品的透明度。

2. 详细的商品描述和分类

唯品会提供详尽的商品描述，帮助用户快速了解产品特性，同时通过精准的分类，提升用户体验和搜索效率。

3. 用户评论和分享增加社交信号

（1）唯品会鼓励用户评论和分享，增加页面的互动性和社交信号，提升搜索引擎排名。

（2）唯品会通过搭建明星店铺、明星推荐和明星直播等形式，与明星及名人合作，吸引用户的关注和购买欲望，实现社交化经营模式。

4. 建立长尾关键词库

（1）唯品会开发不同类型的关键词，包括竞品关键词、行业关键词、产品相关关键词等，以覆盖更多潜在用户的搜索需求。

（2）唯品会通过关键词覆盖破五位数的 ASO 优化，提升关键词的覆盖量和排名。

5. 社交电商的探索

（1）唯品会向社交电商转型，围绕小程序的微信电商生态已逐渐形成，并将探索拼购等社交方式。

（2）唯品会推出的"唯品仓"App，基于 S2B2C 模式，以专业代购、微商和中小型批发商等为客群，借助微信、QQ 等社交平台，帮助品牌商清理库存。

6. 线上线下融合战略

（1）唯品会推进线上线下业务融合，通过与实体门店合作，建立线下体验店和门店展示空间，提供更加真实和直观的购物体验。

（2）唯品会通过线上下单、线下取货的模式，实现了线上线下销售的无缝衔接，提高了订单的履约速度和用户的便捷性。

7. 可持续发展和社会责任

（1）唯品会积极倡导可持续发展，并将其纳入核心战略，通过推动绿色供应链管理，选择符合环保标准的商品和合作伙伴，降低环境影响。

（2）唯品会还积极参与公益慈善活动，回馈社会。

通过这些策略，唯品会不仅提升了网站的 SEO 表现，还增强了用户黏性和品牌忠诚度，成为中国特卖电商领域的佼佼者。

这些案例展示了 SEO 在不同行业中的实际应用，无论是电商平台、旅游服务还是汽车信息平台，SEO 都是提升在线可见性和吸引目标流量的重要手段。品牌需要根据自身特点和用户搜索习惯，制定和实施全面的 SEO 策略。

● 电子邮件营销

1. 电子邮件营销的优势与挑战

电子邮件营销是一种高效的数字营销策略，能够以较低的成本实现高投资回报率。通过精心设计和个性化定制，电子邮件营销不仅可以吸引新客户，还能增强与现有客户的关系。然而，这种营销方式也面临一些挑战，需要不断优化策略来保持客户的兴趣和参与度。

电子邮件营销的优势，有以下几方面内容。

（1）成本效益：电子邮件营销的成本较低，特别是在自动化工具的支持下，企业可以批量发送个性化的内容，而不需要像传统直邮那样付出高昂的印刷和邮寄成本。研究显示，电子邮件营销的平均投资回报率（ROI）高于多种其他营销形式，每花费 1 美元可能带来超过 40 美元的收益。

（2）高度定向：企业可以根据客户的兴趣、购买历史和行为数据定制邮件内容。通过细分（segmentation），品牌能够精确触达目标客户群体，提高邮件的相关性和转化率。例如，可以针对忠诚客户群发送专属优惠邮件，而对新客户群体进行产品教育或引导性推送。

（3）快速传播和即时性：电子邮件可以立即到达目标用户的收件箱，使得品牌能够抓住节假日促销、限时优惠等时机，迅速向受众传递信息。即时性不仅有助于增加客户的参与度，还能及时响应市场变化和用户反馈。

（4）可测量性：电子邮件营销的效果可以通过开信率、点击率、转化率等关键指标进行量化跟踪。企业可以使用这些数据来优化营销策略，如调整发送时间、个性化内容和 CTA 按钮，以实现更高的参与度和 ROI。

（5）建立长期关系：电子邮件营销通过持续沟通增强品牌忠诚度和客户黏性。通过新闻简报、定期更新和个性化推荐等方式，品牌可以保持与客户的联系，建立信任和情感链接，提升客户生命周期价值。

电子邮件营销的挑战，有以下几方面内容。

（1）邮件送达率：由于垃圾邮件问题，邮件可能被自动过滤到垃圾邮件文件夹，影响送达率。提升送达率需要优化邮件内容、标题和发件人信息，并保持良好的发件记录，以提升邮件的信誉度。

（2）用户疲劳：用户可能因为频繁收到电子邮件而产生心理疲劳，导致开信率和点击率下降。避免用户疲劳的策略包括定期优化发送频率、提升邮件内容质量，确保每封邮件都对用户有实际价值。

（3）隐私法规合规：随着全球隐私法规的加强，如《通用数据保护条例》（GDPR）和《加州消费者隐私法案》（CCPA），电子邮件营销活动必须符合相关法规要求。这意味着品牌在获取、存储和使用客户信息时必须严格遵循法规，以免面临法律风险和声誉损失。

（4）内容创新和个性化挑战：用户对重复、无新意的内容缺乏兴趣，导致转化率下降。因此，创造出引人注目的内容，同时结合用户的偏好、行为等个性化信息，使内容保持相关性和新鲜感是持续的挑战。

2. 电子邮件营销的最佳实践

为了提高电子邮件营销的效果，品牌应遵循以下最佳实践，并不断优化内容和策略，以满足用户的期望并达到营销目标。

（1）建立明确的许可：确保用户在订阅邮件列表时选择"自愿接受"，避免发送未经请求的电子邮件。使用双重确认机制（Double Opt-In）可以提高订阅质量，确保收件人对内容感兴趣，同时符合 GDPR 等法规的合规要求。

（2）邮件列表细分：根据用户行为、兴趣、购买历史等维度对邮件列表进行分段，实现精准营销。通过细分，品牌可以发送更具相关性的内容，增加开信率和点击率。例如，将用户分为潜在客户、首次购买客户和忠诚客户，分别发送产品介绍、使用指南和专属优惠等内容。

（3）个性化内容：使用用户的名字、地理位置、历史购买记录等个性化信息，使邮件更贴近用户。高级个性化可以结合用户行为和偏好，通过数据分析生成定制推荐，进一步提升转化率。

（4）优化邮件主题行：邮件主题行是吸引用户点击的关键。邮件主题行应避免冗长或过于商业化的语言，应直接反映邮件内容，增加开信率。测试不同主题行的表现，如使用数字、问题或个性化的内容，找到最有效的主题类型。

（5）提供价值：确保每封邮件都对用户有实际的价值，无论是有用的资讯、产品推荐还是限时优惠。用户会更愿意打开和阅读内容丰富的邮件，从而增加用户的参与度和忠诚度。

（6）设计移动友好的邮件：大部分用户在移动设备上查看电子邮件，因此应确保邮件在移动端上适配性良好。采用响应式设计、简洁的布局和清晰的 CTA 按钮，使得邮件在手机上也能便于阅读和操作。

（7）A/B 测试和优化：进行 A/B 测试，不断优化邮件的各个元素。可以测试不同的主题行、发送时间、内容格式、CTA 按钮等，找出最优组合，提升邮件的效果。持续的测试可以帮助品牌适应用户偏好变化，提高整体的营销表现。

（8）遵守法规：遵循如 GDPR、CCPA 等隐私法规，确保用户数据的合法使用。邮件中应提供"退订"按钮，确保用户可以随时选择取消订阅，并且在用户数据收集和使用时遵循相关要求，维护品牌的信誉。

（9）监测和分析：使用电子邮件营销工具（如 Mailchimp、HubSpot 等）来跟踪和分析开信率、点击率、转化率、退订率等关键指标。根据数据表现进行相应优化，以不断提升用户体验和 ROI。

3. 电子邮件营销实施策略

为了确保电子邮件营销的效果，品牌应制定系统化的实施策略，持续改进各个环节的执行情况。

（1）定义营销目标：明确电子邮件营销的核心目标，如增加销售、提高品牌知名度或客户留存。每封邮件都应为实现这些目标服务，确保内容的相关性和实用性。

（2）内容策划与编辑：根据目标受众的需求和兴趣点进行内容策划，采用简洁、易读的文案风格，同时确保视觉设计的吸引力。其内容应包括清晰的CTA（如"立即购买""了解更多"），引导用户采取下一步行动。

（3）自动化工作流：利用自动化工具设置邮件营销工作流，如欢迎邮件、购物车放弃提醒、生日祝福邮件等，提升用户体验和转化率。自动化的工作流可以根据用户行为触发，让用户收到最合适的内容。

（4）优化发送时间：根据用户群体分析，选择最优的发送时间。通常在工作日早晨或午餐前发送邮件的效果较好，但需结合受众特征进行具体优化。

（5）邮件内容更新与迭代：电子邮件内容需不断更新，保持创新性和吸引力。根据用户反馈和数据分析，优化内容策略，以保持用户的持续兴趣。

（6）反馈收集和改进：定期收集用户反馈，通过问卷、评级等方式了解用户对邮件内容、频率和价值的评价。将反馈应用于策略调整中，不断提升邮件质量。

电子邮件营销的核心在于建立和维护与用户的长期关系，通过精细的个性化内容和多样化的触达方式，使品牌的价值传递和用户体验最大化。

案例分析

案例一：亚马逊的促销邮件

亚马逊的电子邮件营销策略在电商领域树立了优秀的标杆，通过精准的个性化推荐与促销信息，有效提升了用户的购买意图和整体平台的销售额。这一策略基于用户的浏览和购买数据，以机器学习算法生成符合用户偏好的推荐商品，确保推送内容的相关性与实用性。通过在购物高峰期（如 Prime Day）发送特定的促销邮件，亚马逊实现了显著的效果。据统计，主题行简洁、内容有吸引力的个性化邮件打开率达 29.7%，远超行业平均水平。

在 Prime Day 期间，亚马逊的电子邮件策略尤为成功，通过发送特制的折扣提醒和限时优惠，帮助推动第三方卖家销售额同比增长了 100%。这些促销邮件通常包括"立即购买"按钮和时效性促销提醒，引发用户紧迫感，极大地提升了点击率和转化率。这种方式不仅增加了销售额，还增强了用户对平台的黏性，使其成为用户信赖的购物选择。

这种个性化的营销不仅仅停留在节假日大促期间，日常的推荐邮件也因其个性化程度高而深受用户欢迎。通过邮件及时推送符合个人喜好的商品和折扣，亚马逊有效地吸引了用户的注意，促进了持续购买行为，从而巩固了用户忠诚度并推动了平台整体业绩的增长。

案例二：丝芙兰（Sephora）的美容小贴士邮件

Sephora 的电子邮件营销策略通过个性化推荐和有价值的内容，为订阅用户带来了丰富的互动体验。Sephora 定期发送的邮件不仅包含产品促销和独家折扣，还会提供实用的美容小贴士和教程，内容贴合顾客兴趣且富有视觉吸引力。这些邮件会展示热门产品和妆容推荐，直接迎合了其受众的品位。同时，Sephora 根据用户的过往购买和浏览记录，推送个性化的产品推荐，使内容更加相关并提高了用户的参与度。

Sephora 的 Beauty Insider 会员计划进一步增强了邮件活动的吸引力，通过专属奖励和新品预览激励用户不断参与。分层奖励制度（如 VIB 和 Rouge 级别）为顾客提供生日礼物和活动优先参与权，有助于提升用户忠诚度，并增加了展示会员奖励的邮件的打开率。个性化的专属内容和奖励机制使得 Sephora 在邮件营销中表现出色，能够吸引顾客频繁回访其线上和线下门店。

Sephora 的营销方式是美妆行业中的标杆，通过无缝连接门店体验和数字接触点，培养了顾客的信任感和社区归属感。其发送的美妆教程、测试问卷和定制建议，使得品牌在订阅者中备受期待，成为顾客乐于接收的邮件品牌之一。这种全面的策略帮助 Sephora 维持了较高的品牌忠诚度和顾客满意度。

案例三：Spotify 的季节性播放列表邮件

Spotify 的季节性播放列表邮件是其高度精准的营销策略之一，专门针对全年的关键时刻进行推广。这些邮件基于用户数据，推荐与节日、季节或重要活动相关的主题播放列表。例如，在冬季假期期间，Spotify 提供与圣诞节和新年相关的播放列表，以节日主题歌曲吸引用户，帮助他们在特别的时刻享受个性化的音乐体验。通过这些邮件，Spotify 不仅提醒用户登录和使用平台，还进一步巩固了其作为音乐平台的地位，让用户在关键时刻首选 Spotify。

　　Spotify 的节日和季节性活动带来了显著的用户参与度，因为许多用户在购物或活动期间倾向于播放特定的音乐来营造氛围。例如，Spotify 的一项假日营销活动显示，86% 的 Spotify 用户会在假日购物期间播放音乐，而大多数人更喜欢 Spotify 提供的内容。通过邮件和应用内通知提供个性化的播放列表，这种营销方式大幅提高了节日期间的互动率并增强了用户忠诚度。

　　此外，Spotify 的季节性邮件推广活动通常还结合音频广告和视频格式，创建多媒体体验，通过多个接触点覆盖用户。这不仅鼓励用户因节日内容回归平台，还为品牌在关键时刻有效投放广告提供了机会，大幅提升了 Spotify 的广告效果。

　　在中国，电子邮件营销同样是一个重要的营销渠道，以下是国内一些品牌的电子邮件营销案例分析。

案例四：京东的节日促销电子邮件营销

　　京东通过多样化的节日促销邮件吸引消费者，特别是在"双十一"、圣诞节、春节等重要购物季。其电子邮件设计简洁且富有视觉吸引力，结合季节主题和品牌形象，使用强烈的号召性按钮（如"立即抢购"或"领取优惠券"）引导用户点击。其邮件中通常包含专属折扣、限时优惠等活动，让用户在短时间内获得购物满足感，提高转化率。

　　在细分用户群体方面，京东根据用户的浏览和购买历史，发送更精准的优惠邮件。例如，针对有购买潜力的用户发送节日礼物推荐和特别优惠；而对已活跃的用户，则鼓励其通过双倍积分或会员独享活动进行消费。这种个性化的营销方式帮助京东提升了用户忠诚度，并最大限度地推动假期期间的销售量。

　　此外，京东还常利用节日期间的紧迫感，通过倒计时邮件或限时折扣提醒用户不要错过促销。对于在购物季新增的用户，京东也会在假期结束后继续发送欢迎邮件和会员专属优惠，以促使这些用户长期保持活跃。以上这些策略，有效地提升了京东在各大购物节的销售额和品牌形象。

　　这些案例显示了如何通过电子邮件营销与用户建立联系，提供个性化的产品和服务，以及通过精准的邮件内容提高用户的参与度和购买转化率。通过细分邮件列表、个性化内容和优化发送时间等策略，品牌可以通过电子邮件与用户建立更深层次的联系，并推动商业目标的实现。

案例五：滴滴出行（DiDi）

　　滴滴出行通过精细化的电子邮件营销策略，向用户发送优惠券和个性化出行建议，有效提升了用户的品牌忠诚度和平台活跃度。以下是滴滴出行在电子邮件营销和个性化服务方面的具体做法。

1. 个性化电子邮件营销

滴滴出行利用用户行为数据和偏好，通过电子邮件发送个性化的出行方案和优惠信息，如根据用户的出行习惯推荐相应的优惠券和活动。

2. 优惠券和免单活动

（1）滴滴出行定期推出优惠券活动，如"先领100元券并完成一次打车，再在规定时间再打车即有机会免单"的活动，增加用户参与度和复购率。

（2）用户在特定时间段内完成快车或特惠快车订单，即可获得立减券，这种激励措施有效提高了用户的使用频率。

3. 多场景优惠券套餐

滴滴出行针对不同出行场景设置多种优惠券套餐，如通勤套餐和周末套餐，满足用户在不同时间段的出行需求，增加用户黏性。

4. 用户增长和留存策略

滴滴出行通过线上推广、线下活动和口碑营销等多元化渠道吸引新用户，并注重优化产品设计、建立积分奖励体系和会员制度，以提升用户体验和增加用户黏性。

5. 品牌联合营销

滴滴出行与其他品牌进行联动，如与某雪糕品牌共同打造、联合定制彩蛋车以及车内抱枕等周边产品，通过多品牌联合，强化清凉出行的营销主题活动质量。

第四章：数字化营销工具与技术

● 数据分析与大数据

1. 数据分析在营销中的作用

数据分析使企业能够在竞争激烈的市场中洞察先机、做出更准确的决策、实施个性化营销。以下是数据分析在营销中的主要作用。

（1）市场洞察。

数据分析可以帮助品牌识别市场趋势、了解竞争格局、发现消费需求变化。通过分析来自社交媒体、搜索引擎、销售数据等渠道的市场数据，品牌可以识别关键趋势，确定目标市场和消费群体的分布。市场洞察不仅能够帮助企业在策略制定上抢占先机，还能在产品开发和改进上提供宝贵的指导。

（2）客户理解。

通过分析客户数据，品牌能够深入理解客户的购买动机、行为模式、喜好和需求。客户理解是个性化营销的基础，可以帮助品牌细分客户群体并调整营销内容，从而提高营销内容的相关性和吸引力。例如，通过分析客户浏览和购买记录，企业可以识别出高频用户、忠诚客户和潜在流失用户，并为不同客户群体制定有针对性的营销活动。

（3）个性化营销。

个性化是提升用户体验和营销效果的关键。数据分析使品牌能够基于用户的行为、偏好、消费习惯等信息制定个性化的营销活动。通过定制化的推荐、广告内容、促销信息等，品牌可以在客户旅程的各个阶段与用户进行深度互动，提高参与度和转化率。例如，电商平台常通过个性化推荐系统为客户推送他们可能感兴趣的产品，提升销量。

（4）效果评估。

数据分析在评估营销活动效果和投资回报率方面至关重要。通过追踪开信率、点击率、转化率等关键绩效指标（KPIs），品牌能够精确衡量活动的有效性，并发现影响表现的关键因素。数据分析不仅能帮助营销团队判断哪些策略有效，还能揭示哪些活动需要优化，为未来的营销活动提供指导。

（5）预测分析。

预测分析能够通过历史数据的统计模型和机器学习算法，预测未来的市场变化和消费者行为。这种方式可以帮助品牌提前制定应对策略，如在需求高峰期增加库存、在竞争加剧的市场采取促销措施等。预测分析在数字化营销中尤为重要，它不仅能帮助品牌识别潜在的机会，还能规避市场风险，提升决策的前瞻性和科学性。

2. 数字化营销中常用的分析工具和技术

数据分析依赖多种工具和技术实现对营销数据的采集、分析和可视化。以下是数字化营销中常用的分析工具和技术。

（1）数据收集和管理工具。

· Google Analytics：用于跟踪网站流量、用户行为等数据，提供详细的流量来源、转化路径等信息。

· Customer Relationship Management（CRM）系统：如 Salesforce、HubSpot 等，用于管理和分析客户关系和数据，帮助企业更好地了解和跟进客户。

· 社交媒体监控工具：如 Hootsuite、Sprout Social 等，收集社交平台上的用户行为和反馈数据，用于品牌知名度和市场情绪分析。

（2）数据分析与可视化工具

· Tableau、Power BI：用于处理和可视化复杂的数据集，使得市场团队能够通过图形化的界面轻松理解数据，并做出数据驱动的决策。

· Excel 与 R / Python：在数据预处理和高级分析方面应用广泛，特别是处理大规模数据集和构建预测模型。

（3）机器学习和预测分析技术。

· 机器学习平台：如 Google Cloud AI、Amazon SageMaker 等，能够帮助品牌构建和部署预测模型，分析大量数据中的模式。

· 自然语言处理（NLP）技术：帮助品牌从社交媒体、客户评论等文本数据中提取情绪、关键词和热点问题，洞察用户的真实想法和反馈。

3. 大数据在营销中的应用场景

大数据技术与数据分析密不可分，通过对大规模、多样化的数据集进行深入分析，企业可以更全面地理解市场趋势和消费者行为。

（1）实时个性化推荐。

大数据分析支持实时处理用户行为数据，为用户提供个性化推荐。例如，电商网站通过分析用户的浏览记录、购买历史和偏好，为其实时推荐相关商品，提升转化率。

（2）跨渠道客户旅程分析。

大数据技术能够整合来自不同渠道的数据，如网站、社交媒体、电子邮件等，帮助品牌构建用户全旅程视图。这种分析可以帮助品牌理解用户在各渠道的行为模式，优化跨渠道营销策略，提高用户体验。

（3）情感分析。

大数据结合 NLP 技术可以实现情感分析，即通过分析社交媒体评论、客户反馈等文本数据，洞察用户情绪。这种方式有助于品牌在新品发布、危机管理等方面进行更有效的决策。

（4）精准广告投放。

大数据技术通过分析用户行为数据和兴趣标签，为广告投放提供精准支持。例如，数字广告平台可以根据用户的浏览历史、兴趣爱好等，自动投放与其最相关的广告内容，提升广告点击率和转化率。

（5）市场趋势预测与需求预测。

大数据技术与预测分析相结合，可以帮助品牌识别市场的潜在变化，并预测客户需求。例如，零售商可以通过分析历史销量数据和宏观经济数据，预测未来的销售趋势，从而提前制定应对策略。

4. 数据分析在数字营销中的实施策略

为了充分发挥数据分析和大数据在数字营销中的潜力，品牌可以采取以下实施策略。

（1）确定目标和关键指标：明确营销活动的核心目标，设定量化的关键绩效指标（KPIs），如点击率、转化率、客户留存率等，以便准确评估活动效果。

（2）数据采集和清洗：数据分析的前提是确保数据质量。企业应在数据采集后对其进行清洗、去重、处理异常值，确保数据的准确性和一致性，以保证分析结果的可靠性。

（3）建立分析模型和用户画像：通过分析用户的行为、偏好、人口统计信息等数据，构建用户画像。用户画像可以帮助品牌更好地理解目标客户的需求，为个性化营销提供支持。

（4）数据驱动的优化迭代：在营销活动实施过程中，不断监测和分析数据表现，并根据分析结果优化策略。例如，如果发现某一类广告的转化率低，可以及时分析原因并调整内容、投放时间或用户定位。

（5）隐私和数据安全合规性：在数据采集和分析过程中，严格遵守 GDPR 等数据隐私法规，确保用户数据的安全和合法使用，提升品牌在用户中的信任度。

5. 数据分析在未来营销中的前景

随着人工智能和大数据技术的进步，数据分析将进一步推动营销的个性化和智能化。未来的营销活动将更加依赖于数据分析所提供的洞察，帮助品牌实时调整策略、预测市场需求，并提供更具个性化的用户体验。此外，随着物联网、5G 等技术的发展，数据来源将更加丰富，数据分析将在品牌的全渠道营销中发挥更大的价值。

通过系统化的数据分析和大数据技术的应用，企业可以更好地理解市场、优化营销策略、提升客户体验，为品牌的长期增长奠定坚实基础。在数字化变革中，数据分析不仅是技术手段，更是帮助企业精准决策、实现数据驱动增长的核心要素。

大数据技术与应用案例

　　大数据技术为企业提供了大量的数据存储、处理和分析能力。以下是一些大数据技术及其在营销中的应用案例。

案例一：阿里巴巴的消费者洞察

　　阿里巴巴通过大数据和人工智能技术构建了一个强大的消费者洞察体系，帮助商家在日益激烈的市场中保持竞争力。其核心在于整合海量用户的行为数据，实时分析消费者在电商平台上的互动，从而为商家提供更精准的市场洞察和营销建议。

　　1. 全方位消费者画像

　　阿里巴巴利用其"品牌数据银行"（Brand Databank）和"标签工厂"的功能，整合线上和线下的消费者数据，生成详细的消费者画像。通过对用户行为数据（如浏览记录、购买历史和社交互动）进行分析，商家可以精确定位特定用户群体，了解其兴趣和偏好，从而实现个性化的广告推荐和精准营销。

　　2. 实时数据驱动的精准推荐

　　通过 AI 驱动的数据算法，阿里巴巴的推荐系统能够实时为用户提供个性化产品建议。平台使用机器学习分析用户的购物行为，预测消费趋势和偏好，从而在每个购物环节向消费者展示最相关的产品。这种个性化推荐提升了用户体验，增加了平台黏性，也显著提高了销售转化率。

　　3. 云计算支持的营销和管理优化

　　阿里云为企业提供了高效的数据存储、机器学习和可视化工具，帮助商家整合并分析多渠道的营销数据。通过阿里云的智能化存储和数据科学平台，商家能够轻松获取用户的购物行为数据，进行自动化的客户分层和潜在客户筛选，以优化营销效果和降低获客成本。

　　4. 直播电商和社交互动提升品牌忠诚度

　　阿里巴巴还通过直播电商等互动形式加强品牌与消费者的联系。商家可以在直播中与消费者进行实时互动，迅速回应用户反馈，增强品牌信任感并增加即时购买的机会。此外，阿里巴巴还帮助商家优化社交媒体内容和互动，进一步巩固客户忠诚度。

　　5. 总结

　　阿里巴巴的消费者洞察平台整合了多维度数据，利用大数据和 AI 技术为商家提供全方位的营销支持。通过更精细化的用户画像、实时的个性化推荐以及云计算支持营销优化，阿里巴巴帮助商家在快速发展的数字零售领域提升了竞争力，建立了稳固的消费者关系，进而实现了可持续的业务增长。

案例二：百度的搜索引擎营销

百度的搜索引擎营销（SEM）策略为企业提供了独特的工具，使其能够在中国市场上提升在线可见度并吸引潜在客户。作为中国领先的搜索引擎，百度每月有超过 6 亿活跃用户，并且拥有包括应用、服务和内容平台在内的广泛生态系统，为企业提供了跨数字渠道的广泛覆盖。百度的 SEM 服务包括多种广告类型，从传统的关键词广告到展示广告、移动端广告和论坛广告，这些广告可以在百度的各类平台上展示，让企业能够在百度的主搜索平台、移动应用甚至专业论坛等多种场景下接触用户。

百度的 SEM 策略通过关键词定向广告让企业在用户搜索时获得可见度。广告商可以利用百度的竞价推广系统和附加工具，确保在搜索结果页获得突出的展示位置。此外，百度营销中心提供了集中式的广告管理，企业可以在此设计、监控和优化广告活动，结合地域、人口统计和兴趣等维度，实现精准的受众定位。

百度的人工智能技术进一步提升了 SEM 的效果。借助 AI，百度的广告服务实现了个性化内容投放，既提高了用户参与度，也优化了广告主的定向效果。此外，通过如百家号等内容创建和分发平台，品牌可以创建并分享内容，在百度生态系统内增加曝光率，提升搜索结果的排名。

总而言之，百度的 SEM 服务结合了广泛的覆盖面、先进的定向技术和 AI 驱动的洞察，能帮助企业在中国市场内增加品牌曝光率，吸引优质流量，并在合规框架下有效进行数字营销。

案例三：京东的用户行为分析

京东通过深入分析用户在其电商平台上的行为，包括浏览、搜索、和购买数据，从而提供高度个性化的推荐和营销体验，以此提升用户满意度和转化率。京东的推荐系统结合机器学习和人工智能，基于用户的偏好、浏览历史和购买习惯来实时调整推荐内容。这种数据驱动的个性化服务不仅增加了平台黏性，也有效提升了用户的购买转化率。

此外，京东还通过分析不同地区的消费行为数据为品牌提供市场洞察。例如，在地方特色产品的市场研究中，京东能够协助品牌了解其特定产品在各地区的表现及消费群体的特征，帮助商家制定更精准的市场策略。在春节等重大节庆期间，京东的数据中心还会动态呈现促销效果，并根据实时数据调整营销策略，保证最佳的用户体验和销售效果。

这些措施不仅增强了消费者的购物体验，也推动了企业在不同地区的销售增长，展示了京东在数字化用户洞察和数据应用方面的独特优势。

案例四：字节跳动的内容推荐算法

字节跳动的推荐算法在提升用户黏性和参与度方面非常成功，其核心在于大数据和机器学习技术的结合。字节跳动的算法系统主要基于用户个人档案、内容档案和环境档案。例如，用户档案包括浏览记录、搜索历史、设备类型、年龄、性别、地理位置等特征，帮助算法为不同用户推荐符合其兴趣的内容。同时，内容档案为每篇内容分配相关类别和关键词，并赋予其不同的关联权重。环境档案则考虑用户使用场景（如在工作或通勤期间），这些因子帮助算法精准推荐在适合时段展示的内容。

这种推荐系统被广泛应用于字节跳动的不同平台，如今日头条、抖音和TikTok，通过深度学习模型实现了极高的推荐准确度。例如，字节跳动曾应用Google 的 Wide & Deep Learning 模型，通过结合线性模型和深度神经网络的优势，显著提升了推荐质量。此外，该系统具有实时响应的能力，能在用户互动后即时调整推荐内容，使用户不断获得个性化的推荐。

为了进一步商业化其算法技术，字节跳动还开发了 ByteAir 平台，面向其他服务提供商提供推荐即服务，帮助其他公司在其产品中应用字节跳动的推荐技术。这种模式有助于字节跳动在更多应用场景中积累数据，从而优化其算法的表现。

案例五：华为的智能客服分析

华为的智能客服解决方案，包括华为云认知交互中心（CEC）和 SmartCare SOC 解决方案，是其利用 AI 和机器学习技术优化客户支持的典型案例。

华为云 CEC 系统集成了语音与语义识别、自然语言处理（NLP）和 5G 视频等先进技术，使企业能够通过网页聊天、消息应用和社交媒体提供多渠道支持。该平台提供了统一的客户体验，通过深度学习和 AI 驱动的客户互动分析，帮助客户服务人员更有效地响应和个性化客户交流。此外，CEC 的模块化设计和灵活的集成能力使企业能够高效管理来自不同平台的客户咨询，提升服务响应效率。

SmartCare SOC 解决方案专为电信行业设计，提供了数字化客户体验管理系统，提升了客户互动和自助服务的效率。通过与电信运营商现有系统的整合，SmartCare 提供自助服务选项和预测分析，不仅提升了客户满意度，也减轻了客服人员的工作负担。

这些由华为提供的智能客服工具显著提高了运营效率，降低了成本，并为电信和电商等不同行业提供了可扩展的 AI 支持。

案例六：小红书的社区内容分析

小红书（Xiaohongshu）通过分析用户生成内容（UGC）和互动数据，提供了强大的消费者洞察，帮助品牌理解市场趋势和优化品牌口碑。小红书拥有广泛的年轻用户群体，主要集中在一、二线城市的年轻、中产女性，用户偏好涵盖美妆、时尚、旅行和美食等领域。平台鼓励用户发布真实的产品体验和评价，形成了高可信度的内容生态系统，使其在电商领域的转化率达到8%，远高于传统电商平台的2%～3%。

品牌在小红书上有多种推广选择，如创建官方账号、开设品牌店铺或与关键意见领袖（KOL）合作。品牌方可以利用小红书的算法推荐和"关键意见销售"（KOS）模式，将用户生成内容与商品销售结合，通过热门话题和标签活动提升品牌曝光度。平台的个性化推荐算法基于大数据和机器学习，对用户的浏览和搜索行为进行分析，将相关内容和产品精准推送给用户，从而显著提升互动和转化率。

此外，小红书的数据分析系统能够帮助品牌深入洞察消费者偏好和消费趋势，通过收集和分析用户的互动数据，为品牌战略和产品开发提供有效的支持。例如，内衣品牌 Ubras 曾在小红书上成功进行营销推广，借助平台的用户体验分享和标签活动，活动曝光量达到 6100 万次，大幅提升了品牌知名度和销量。这种数据驱动的内容推广模式，使小红书不仅成为品牌传播的有效渠道，还成为洞察消费者需求的重要数据支持平台。

案例七：拼多多的社交电商分析

拼多多作为社交电商平台的成功，主要得益于其独特的模式，将团购优惠和社交分享结合在一起。用户通过微信小程序发起拼单，邀请他人一起购买，以享受较大折扣。这种方式帮助拼多多在中国电商市场中占据了一席之地，仅次于阿里巴巴和京东。利用微信庞大的用户基础和便捷的分享功能，拼多多有效降低了用户获取成本，同时为低线城市价格敏感的用户打造了一个高度互动的购物体验。

拼多多的团购机制鼓励用户通过亲友之间的互动来促成交易，形成类似"口碑传播"的系统。用户可以发起拼单、邀请他人，并在成功组团后获得奖励，从而显著提升用户参与度。此外，拼多多引入了限时优惠和分级折扣等游戏化元素，增加了紧迫感和社区驱动的购物吸引力。

拼多多的产品定位在于经济实惠，特别适合低线城市和农村地区的用户群体。这些地区的消费能力相对较低，而传统电商巨头较高的广告成本和物流限制使其难以在这些区域立足。拼多多的创新模式不仅拓宽了市场覆盖面，也降低了众多新用户的购物门槛，改变了中国的电商格局。

在欧洲和美国，数据分析在营销中扮演着至关重要的角色，以下是一些具体的案例。

案例八：肯德基（KFC）

肯德基在其社交媒体战略中，推出了一个虚拟偶像——上校汉德斯（Colonel Sanders），在 Instagram 平台上引起了广泛关注。这位虚拟偶像通过一系列精心设计的内容展示了现代社交媒体影响者的生活，吸引了年轻观众的兴趣。

1. 虚拟偶像的构思与形象设计

上校汉德斯的形象是由 KFC 和广告代理商 Wieden+Kennedy 共同创作的，旨在与"Z 世代"建立联系。这个数字化的角色保留了上校的标志性特征，如银色头发和白色西装，但以更加时尚和现代的风格重新诠释，呈现出符合流行趋势的 hipster 形象。

2. 社交媒体活动

虚拟上校在 Instagram 上的活动持续了两周，期间他与多个品牌（如 Dr Pepper、Old Spice 和 TurboTax）进行合作，发布了关于奢华生活的内容，如健身房照、私人飞机旅行等。这种幽默且富有讽刺意味的内容不仅展示了虚拟偶像的生活方式，也成功地吸引了 KFC 的追随者和合作品牌的粉丝。

3. 数据分析与市场反响

通过对社交媒体互动数据的分析，KFC 能够更精准地把握消费者的喜好和趋势。这一活动获得了超过 1.51 亿的曝光率，显示了虚拟偶像在社交媒体营销中的巨大潜力。营销团队利用数据分析优化内容策略，从而提高参与度和品牌认知度。

4. 总结

KFC 的虚拟偶像策略不仅是对传统品牌形象的现代化改造，更是对社交媒体影响力的巧妙利用。这一创新的尝试不仅成功提升了品牌的互动性和吸引力，也为品牌合作提供了新的可能性。随着虚拟影响者的趋势逐渐显现，KFC 的做法可能会成为其他品牌的学习范本。

这种利用虚拟偶像进行品牌宣传的方式，展示了数据分析和现代营销策略的结合，反映了消费者行为的变化以及品牌适应市场的能力。

案例九：希尔顿（Hilton）

在希尔顿庆祝一百周年之际，公司围绕品牌历史和旅行者兴趣推出了一系列活动，借助数据分析与数字媒体强化营销效果。希尔顿特别设计了"世界七大奇观"主题活动，展现包括美食、文化和建筑在内的全球著名地标，旨在吸引旅行爱好者和社交媒体用户的关注。在 Instagram 等平台上，希尔顿与旅游摄影师及旅行博主合作，分享目的地独特的视觉体验，借助图片和视频展示目的地地标的美丽，进一步增强用户的参与度与互动性。

此外，为了强化用户体验，希尔顿还推出了"新回忆"全球营销活动（To New Memories）。这项活动基于希尔顿对消费者偏好的深入研究，旨在鼓励用户在旅游中创造难忘的回忆。这项活动通过社交媒体广告和用户生成内容的分享，展示人们重新出游并与所爱之人重聚的情感体验，激发旅行者对酒店品牌的信任和偏好。

案例十：Warby Parker

1. 品牌简介

Warby Parker 是一家美国知名的眼镜品牌，以提供高质量、设计时尚、价格亲民的眼镜产品而闻名。品牌的使命是通过设计优质产品来提升用户的生活方式体验，同时推动环保和社会责任。Warby Parker 在业内率先采用直销模式，省去中间商环节，让消费者享受到更具性价比的产品。此外，品牌注重在线和线下的双渠道发展，为用户提供便捷的选购方式。

2. 项目背景与目标

为了进一步提升品牌影响力和用户黏性，Warby Parker 发起了"Wearing Warby"项目。该项目的核心理念是通过内容营销和真实的品牌故事，让用户更深刻地理解Warby Parker 的价值观。该项目的主要目标包括以下几点。

（1）增强品牌真实性：通过真实用户的使用体验分享，展现品牌的真实形象。

（2）促进品牌认同：让用户感受到品牌与他们生活方式的契合，从而提升用户对品牌的情感认同。

（3）提高社交媒体影响力：借助 KOL（Key Opinion Leaders，关键意见领袖）的影响力，扩大品牌在社交媒体上的传播，吸引更多潜在客户。

（4）提升用户互动：通过社交媒体上的内容互动，加强用户的参与感和忠诚度。

3. 具体策略与实施

（1）邀请 KOL 参与：Warby Parker 选择了多位与品牌形象契合的 KOL 参与"Wearing Warby"项目。这些 KOL 覆盖了时尚、美妆、旅行、生活方式等不同领域，具有较高的社交媒体影响力。每位 KOL 在日常生活中佩戴 Warby Parker 眼镜，通过分享个人的生活故事和体验，增强品牌的真实性和亲和力。

（2）多样化的内容创作：在项目中，KOL 们不仅分享产品的实物照片，还结合自身的生活经历进行内容创作，包括文字、短视频和图文并茂的帖子。这种多元化的内容形式更贴近用户的日常浏览习惯，使 Warby Parker 的产品呈现得更加自然、不带销售压力，达到更原生的推广效果。

（3）数据分析的精准应用：Warby Parker 对 KOL 推广内容的表现进行精细的数据分析，包括用户点击量、互动率、转化率等多方面指标。通过数据反馈，品牌能够了解哪些内容形式和风格更受用户欢迎，并在后续的推广中加以优化。同时，数据分析也帮助品牌更精准地选取 KOL 和内容分发平台，确保项目资源的高效利用。

（4）用户参与 UGC 内容：除了 KOL 的内容，Warby Parker 还鼓励普通用户在社交平台上分享自己的佩戴体验。Warby Parker 设立了专属的＃Wearing Warby＃标签，用户可以将自己佩戴 Warby Parker 眼镜的照片和故事发布在平台上。Warby Parker 会精选用户生成的内容（UGC），并在品牌的官方账户上进行二次发布，以增强与用户的互动性和真实性。

4. 项目成效与影响

"Wearing Warby"项目实施后，Warby Parker 在社交媒体上的品牌提及率显著提升，吸引了大批新用户关注。数据分析表明，用户对项目内容的互动率大幅提高，特别是短视频内容的观看量和点赞量更是表现突出。同时，项目产生了大量优质的用户生成内容（UGC），进一步增强了品牌的社群氛围和真实感。此外，该项目成功地将 Warby Parker 塑造成不仅仅是一个眼镜品牌，更是倡导时尚生活方式的代表，提升了品牌的市场定位和用户忠诚度。

5. 总结与启示

通过"Wearing Warby"项目，Warby Parker 成功地展示了生活方式品牌营销的优势。品牌真实的故事、KOL 的带动效应、数据驱动的精准推广以及 UGC 内容的利用，使得 Warby Parker 不仅在社交媒体上获得了大量关注，更构建了一个具有情感连接的用户群体。

案例十一：Oakley

1. 品牌简介

Oakley 是一家全球知名的运动和生活方式品牌，以其高性能的运动眼镜、服装和配件而著称。创立于 1975 年的 Oakley，因其在技术创新和品质上的卓越表现，深受极限运动员和运动爱好者的青睐。Oakley 的产品线涵盖滑雪、骑行、跑步等多个运动项目，品牌不仅关注产品的功能性，也注重融入潮流设计元素，以满足用户对时尚和功能的双重需求。

2. 项目背景与目标

在运动与时尚相结合的趋势下，Oakley 希望通过社交媒体平台，特别是 Instagram，进一步提升品牌的影响力，尤其是在年轻运动爱好者中的渗透力。为此，Oakley 启动了与专业运动员合作的社交媒体推广项目，该项目的核心目标包括以下几个方面。

（1）提升品牌专业度与可信度：通过与专业运动员合作，展示产品的高性能和技术实力。

（2）增强社交媒体平台上的影响力：适应 Instagram 的文化语境，增强品牌在视觉驱动平台上的吸引力。

（3）加深与用户的情感连接：利用运动员的影响力和号召力，激励和鼓舞用户，建立情感上的共鸣。

3. 具体策略与实施

（1）与知名运动员的深度合作：Oakley 选择了多个运动领域的知名运动员，包括滑雪、冲浪、骑行和滑板等项目。这些运动员不仅在各自领域内拥有较高的知名度，还在 Instagram 上拥有大量的忠实粉丝。Oakley 通过与这些运动员的合作，让他们在日常训练和比赛中佩戴品牌的产品，并通过视频和图片的方式在 Instagram 上分享真实的使用体验，展示 Oakley 产品的性能优势和专业技术。

（2）内容创意与品牌故事：为了在 Instagram 上更具吸引力，Oakley 推出了一系列短视频和图片，展示运动员在极端环境下挑战自我的过程，如滑雪运动员穿越雪山、冲浪运动员在巨浪中驰骋等。每条内容都配合了关于产品技术的介绍，例如 Oakley 眼镜的高清晰度光学（HDO）技术、防雾镜片设计等。这种叙事手法不仅展示了品牌产品的功能性，更传达了 Oakley 致力于支持运动员突破极限、追求卓越的品牌精神。

（3）利用数据分析优化内容：Oakley 对每条内容的用户互动数据进行分析，包括点赞量、评论数量、观看时长和分享率等。通过数据分析，Oakley 能够判断不同内容的效果，以便更好地把握用户的偏好。例如，Oakley 发现极限运动短视频的互动率远高于普通内容，因此品牌在后续内容中增加了更多动态场景和慢动作拍摄，使用户在视觉上更具沉浸感。数据分析还帮助 Oakley 确定了最合适的发布时间段和频率，从而最大化地实现内容的曝光效果。

（4）用户生成内容（UGC）的激励与展示：除了专业运动员的内容外，Oakley 还积极鼓励普通用户在 Instagram 上分享自己的运动照片和体验，使用专属标签

#Oakley Prizm#。这不仅加强了品牌在用户群体中的活跃度，还产生了大量真实的用户生成内容（UGC）。Oakley 定期在品牌官方账号上精选 UGC 内容进行转发，以此激励用户的参与热情，并展示品牌产品在日常生活中的多样性和广泛适用性。

4. 项目成效与影响

通过 Instagram 上的推广项目，Oakley 在社交媒体平台上的影响力显著提升了品牌提及率和粉丝互动量均显著增加，极大地扩展了品牌在运动爱好者中的渗透率。此外，Oakley 的内容引发了许多正面的用户反馈，特别是运动员的真实使用体验和极限运动场景的呈现，加深了用户对品牌专业性和技术实力的信任。同时，项目产生的大量用户生成内容（UGC）和运动员发布的内容，共同强化了品牌的社群氛围，使得 Oakley 不仅仅是一个产品提供者，更成为鼓舞人心的运动象征。

5. 总结与启示

Oakley 通过与专业运动员合作，成功地在 Instagram 平台上展示了品牌的专业技术，创造了符合平台文化的内容形式。数据分析帮助品牌优化了内容策略，使其更好地融入平台文化并提高用户体验。这一案例展示了运动品牌如何通过视觉化的叙事、UGC 和数据驱动的决策，在社交媒体平台上打造出具有情感连接的品牌形象。

这些案例展示了大数据技术在营销领域的广泛应用，从消费者洞察到个性化推荐，再到效果评估和预测分析，大数据技术能够帮助企业更好地理解市场和消费者，实现营销活动的优化和创新。随着大数据技术的不断发展，其在数字化营销中的应用将更加深入和广泛。

● 人工智能技术

1. 人工智能技术概述

人工智能（AI）是计算机科学领域的一个重要分支，旨在构建具备类似人类智能的系统，使其能够进行学习、推理、决策和自我优化。AI 技术目前在营销领域的应用日益广泛，驱动了营销方式的智能化转型，主要包括以下核心组成部分。

（1）机器学习（Machine Learning）。

机器学习使计算机系统能够基于历史数据自我学习并逐步优化表现。它通过算法模型分析数据模式、识别规律，帮助预测消费者行为、优化推荐系统和提升营销效果。机器学习是人工智能的基础技术，广泛应用于用户推荐、图像识别和数据分类。

（2）自然语言处理（Natural Language Processing, NLP）。

自然语言处理技术使得机器可以理解、生成和分析人类语言。这一技术通过语义分析、语法解析等手段处理文本和语音数据，为自动化客户服务、文本生成和情感分析等应用提供支持。NLP 在聊天机器人和智能客服系统中尤为常见。

（3）计算机视觉（Computer Vision）。

计算机视觉使机器能够从图像、视频等视觉数据中提取和分析信息。它通过图像识别、目标检测、情感识别等技术，帮助品牌识别视觉内容，优化广告投放，并提供个性化产品推荐。

（4）语音识别（Speech Recognition）。

语音识别技术使机器能够识别和理解口语输入。通过语音识别，企业可以提供智能语音助手和语音搜索服务，提升用户的互动体验。

（5）深度学习（Deep Learning）。

深度学习是一种先进的机器学习方法，通过模拟人脑神经网络对复杂数据进行处理。它在图像识别、自然语言处理、个性化推荐等方面表现尤为突出，能够为营销中的多维度数据分析和预测提供强大的支持。

2. 生成式 AI

生成式 AI 工具在内容创作领域正在迅速发展，为内容、图像、视频等多媒体生成带来了创新的可能。这些工具广泛应用于社交媒体、市场推广、影视制作等领域，帮助企业、创作者和个人快速生成符合需求的高质量内容。以下是一些在内容、图像和视频创作方面的热门生成式 AI 工具。

（1）文本生成工具。

·ChatGPT：OpenAI 推出的 ChatGPT 是强大的文本生成工具，能够进行对话、内容撰写、文案生成和产品描述等应用。它可以根据指令生成信息丰富、结构合理的文章，并能够模仿多种写作风格，适合广告文案、社交媒体内容和客户服务等领域。

·Jasper AI：Jasper 专注于营销内容的生成，能自动生成博客文章、广告文案和产品描述。它能够提供丰富的模板，让用户快速生成符合品牌需求的内容，帮助提升品牌传播的效率和一致性。

·Copy.ai：Copy.ai 是一款简便的内容创作工具，支持生成广告文案、电子邮件和社交媒体帖子。它的生成内容思路广泛且灵活，特别适合企业营销和创意内容需求。

·Writesonic：Writesonic 擅长长篇内容生成，能够自动生成博客、文章、故事等较长的文本内容。它的算法能够在短时间内生成多个版本供用户选择，非常适合内容编辑和媒体创作。

（2）图像生成工具。

·DALL-E：OpenAI 开发的 DALL-E 能够根据文本描述生成高质量的图像，可以创作出从写实到幻想风格的多样化图片，适合产品设计、艺术创作和广告插图。它为视觉创作提供了新的可能，且大大缩短了创作时间。

·Midjourney：Midjourney 专注于艺术风格的图像生成，能够根据用户的描述生成充满创意和个性的图像，尤其适合平面设计、品牌形象和广告插画等应用场景。

·Stable Diffusion：Stable Diffusion 是一款开源的 AI 图像生成模型，可以根据文本描述生成高清图像。因其灵活性被广泛应用于社交媒体内容、品牌营销和网页设计，用户可以更自由地调整生成参数，制作独特的内容。

·Canva AI：Canva 内置了 AI 生成图片功能，允许用户将文本描述转换成图片。同时，Canva 还支持图片的基础编辑和设计，适合那些需要高效、快捷生成社交媒体图像、广告素材的用户。

（3）视频生成工具。

·Synthesia：Synthesia 可以利用 AI 生成虚拟人物视频，将文本转化为由虚拟主持人讲解的专业视频。它的多语言支持和多场景模板非常适合企业培训、产品推广和讲解视频制作。

·Pictory：Pictory 是一款视频制作工具，可以自动将长篇文章、博客或文本内容转化为视频内容。通过 AI 选择视频片段、添加字幕等功能，Pictory 让内容创作者能够快速制作吸引人的视频。

·Lumen5：Lumen5 可以将文本和图片自动转化为视频，适合社交媒体推广、产品展示和公司介绍。它的模板库丰富，视频制作流程简单直观，是快速生成品牌视频的高效工具。

·RunwayML：RunwayML 提供了许多 AI 驱动的视频生成和编辑工具，包括视频背景移除、动画生成等功能，适合影视制作和短视频平台的内容创作者。其多功能性和高质量输出让用户能够轻松制作出创意视频效果。

（4）其他生成式 AI 工具。

·Runway（扩展）：除了图像和视频生成，Runway 还支持风格迁移、图像上色、物体检测等视觉处理功能，适用于艺术创作、短视频平台和广告设计。

·DeepArt：DeepArt 将图像风格迁移和艺术创作结合，可以将照片或视频内容转换为不同艺术风格的作品，适合视觉特效、艺术设计和社交媒体内容创作。

·Descript：Descript 是一款基于 AI 的视频和音频编辑工具，允许用户自动剪辑、添加字幕和语音转换，非常适合播客、教育视频和短视频内容创作。

生成式 AI 工具不仅加速了内容制作流程，还显著提升了个性化和创意性，使品牌和创作者能够快速响应市场需求。以下是生成式 AI 工具在实际应用中的一些关键价值。

（1）节省时间和成本：生成式 AI 工具通过自动化创作流程，降低了内容生成所需的时间和人力成本，尤其适合快节奏的社交媒体和市场推广。

（2）增强个性化：AI 生成的内容、图片和视频能够根据用户数据进行定制，增强品牌的个性化触达，提高转化率。

（3）丰富创意表达：AI 的生成能力为设计师和创作者提供了新的表达方式，使他们能够尝试各种创新风格，创作出更具吸引力的视觉内容。

生成式 AI 工具已经成为内容营销和创意产业的重要工具，帮助品牌和创作者快速响应市场变化，生成高质量、个性化的内容。随着技术的发展，这些工具的功能和性能将进一步提高，为多媒体创作带来更广泛的应用前景。

在中国，生成式 AI 工具在内容创作、图像生成、视频制作等多个领域快速发展，许多本地化工具专为中文内容需求设计，适合企业、创作者和个人使用。以下是国内一些优秀的生成式 AI 工具。

（1）文本生成工具。

·百度文心一言（ERNIE Bot）：百度推出的文心一言是一个强大的中文自然语言生成工具，能够进行智能对话、内容生成、翻译等多种应用。它专为中文市场设计，适合广告文案、社交媒体内容、客服支持等多种需求。

·阿里云智言：智言是阿里云的生成式 AI 工具，支持文本生成、摘要、智能问答等。其服务面向多行业，支持用户定制化，特别适合企业级应用，如电商内容撰写、知识库生成等。

·腾讯混元大模型：腾讯混元 AI 大模型具有强大的中文语言理解和生成能力，可用于内容创作、智能问答和文案生成。它能够根据用户需求生成高质量的营销内容和社交媒体文案，非常适合品牌推广和创意写作。

（2）图像生成工具。

·百度文心一格：文心一格是百度推出的图像生成工具，能够根据文本描述生成符合特定风格的图片。它应用于电商设计、广告视觉、插画等领域，帮助品牌快速生成定制化的视觉内容。

·阿里达摩院 M6：达摩院的 M6 大模型可以根据文本描述生成图像，并且支持风格迁移、细节优化等。M6 尤其适合电商、广告设计，能够生成从商品图片到创意视觉的多种内容，提升了设计和广告效率。

·智影（Zyro AI）：智影是国内的一款生成式 AI 图像工具，可以根据文本描述生成图像，还支持图片的编辑和风格化。智影广泛应用于社交媒体、短视频平台的封面和视觉内容制作。

（3）视频生成工具。

·抖音（Douyin AI Studio）：抖音推出的 AI Studio 平台支持 AI 视频生成，包括虚拟人物、特效视频、配音等。AI Studio 适合短视频创作者快速生成符合平台风格的内容，为创意内容的快速制作提供了支持。

·百度智能云 EasyDL 视频生成：EasyDL 可以将文字、图片和数据生成短视频内容，适合企业视频推广、产品介绍等。EasyDL 的模板化视频生成方式适用于企业和营销团队，能够帮助他们快速创建符合品牌调性的短视频。

·快手 AI Lab：快手 AI 实验室推出的视频生成和编辑工具，支持视频字幕自动生成、语音识别等功能。快手 AI Lab 面向短视频创作者，适合日常内容制作和创意视频剪辑。

（4）多功能生成式 AI 工具。

·华为盘古 AI 模型：华为盘古 AI 模型支持文本、图像和语音的生成，可以进行内容创作、数据分析等多任务操作。盘古 AI 模型应用广泛，适合企业市场、媒体内容创作等，特别适用于复杂的创作场景。

·京东智能语音助手：京东的智能语音助手不仅具备问答功能，还可以用于个性化推荐、产品描述生成等。京东的智能助手能够提升电商平台上的用户体验，同时为商家提供智能化的内容服务。

·腾讯智影（Zhiying）：腾讯智影是一款多功能的 AI 创作平台，支持图像、视频和音频的生成，特别适合短视频和社交媒体内容创作。它能够通过 AI 算法快速生成适合各平台风格的内容，支持创意和品牌推广。

国内的生成式 AI 工具在内容创作、品牌推广和社交媒体等领域展现出多样的应用场景，具体价值包括以下几个方面。

（1）高效内容生成：这些工具能够快速生成适合中国市场的高质量内容，减少了创作时间，特别适合社交媒体和电商平台的高频内容需求。

（2）多样化表达：从文本到图像再到视频，生成式 AI 工具让品牌能够多维度地展示品牌形象，满足不同渠道的推广需求。

（3）个性化触达：国内生成式 AI 工具支持本地化和个性化推荐，增强了品牌与用户的互动效果，为个性化的客户体验提供支持。

国内生成式 AI 工具正在快速提升，为各类内容需求提供创新支持。随着市场需求增长和技术迭代，这些工具将继续助力企业和个人高效生成高质量、符合市场需求的内容。

3. AI 在营销中的创新应用

随着人工智能技术的发展，AI 在营销中的应用不断丰富和创新。以下是一些常见的 AI 在营销领域的应用场景和实际案例。

（1）个性化推荐系统。

个性化推荐是 AI 在营销中最常见的应用之一。通过分析用户的浏览、点击、购买等行为数据，AI 算法可以为用户提供个性化推荐。例如，亚马逊和 Netflix 利用机器学习算法，分析用户的观看或购物历史，为其推荐类似的产品或内容。这种个性化推荐显著提升了用户体验，增加了用户的消费意愿。

（2）智能客服和聊天机器人。

NLP 驱动的智能客服系统和聊天机器人已成为品牌提供 7×24 客户支持的有效方式。智能客服能够实时回答用户问题，处理常见问题并提供个性化服务。例如，Sephora 利用 AI 聊天机器人帮助顾客推荐产品，而 H&M 的虚拟助理可以提供购物建议，提升顾客满意度并节省人力成本。

（3）内容创作与策划。

AI 不仅能够分析内容，还能创作内容。AI 工具可以撰写新闻稿、社交媒体文案、广告内容等。例如，《华盛顿邮报》使用 AI 生成新闻文章，减少了人力投入。AI 还可以通过视觉生成技术自动生成图片、视频内容，为品牌营销提供多样化的内容形式。

（4）预测分析和消费者洞察。

通过历史数据的深度分析，AI 可以帮助品牌预测市场趋势和消费者行为。例如，零售商可以利用 AI 预测库存需求，避免商品缺货或过量储备；保险公司通过预测分析了解客户的潜在需求，优化定价策略。AI 的预测能力使企业能够更科学地制定营销决策，降低市场风险。

（5）程序化广告投放。

程序化广告是一种利用 AI 进行实时竞价、优化广告投放的方式。AI 系统会根据用户的搜索历史、位置、行为等数据，选择最佳的广告内容、投放时间和受众。例如，Google 和 Facebook 的广告平台都集成了 AI 技术，帮助广告主精确定位目标客户，实现广告效果的最大化。

（6）社交媒体分析与情感分析。

AI 可以实时监控和分析社交媒体上的用户行为和情感，通过对评论、点赞、分享等互动数据的分析，帮助品牌洞察用户的情感趋势。例如，星巴克使用 AI 监控社交平台的用户反馈，了解市场对其产品的情绪变化，并优化产品和服务。

（7）AI 驱动的创意生成。

随着生成式 AI 技术的进步，品牌可以使用 AI 生成独特的视觉和视频内容，为营销活动增添创意。例如，伊利在新年广告中使用 AI 生成的动画效果，制作了富有视觉冲击力的内容，吸引了广泛关注。生成式 AI 为品牌提供了低成本、快速创意生产的途径。

（8）跨媒体协同和全渠道营销。

AI 能够将不同平台、渠道的数据整合，帮助品牌在各个接触点之间实现协同，提供一致的用户体验。例如，AI 可通过追踪用户在线和线下行为，将广告内容推送到最合适的设备和时间点，形成闭环的全渠道营销体验。

（9）数据隐私保护与合规。

随着数据隐私法规的日趋严格，AI 也在数据隐私保护方面发挥着重要作用。AI 技术可以帮助企业识别敏感数据、自动化处理数据加密和权限管理等，从而有效确保数据安全。AI 还可以实时监控和分析数据使用情况，确保企业遵循 GDPR 等法规，为用户提供更安全的数据服务。

4. AI 在营销应用中的优势与挑战

AI 在营销应用中的优势有以下几个方面。

（1）提升营销效率和精准度。

AI 的自动化能力能够处理大量数据并快速生成洞察，使品牌能够在瞬息万变的市场中快速响应。AI 在数据处理和模式识别方面的效率显著提高了营销活动的精准性和灵活性。

（2）实现高度个性化。

AI 能够深度挖掘每个用户的需求和偏好，从而实现高度个性化的营销活动。个性化推荐、个性化广告推送等方式显著提升了客户体验和品牌黏性。

（3）数据驱动的决策支持。

AI 通过数据分析提供科学的决策支持，使企业能够在市场预测、客户分析和活动优化等方面做出更准确的判断。

AI 在营销应用中的挑战有以下几个方面。

（1）数据隐私和合规性。

AI 技术需要大量的数据来训练和优化，这给数据隐私方面带来了潜在风险。企业需确保数据的合法使用，严格遵循 GDPR 等隐私法规，维护用户的信任。

（2）技术和成本投入。

AI 系统的开发和维护需要大量资金和技术投入，中小企业在实施 AI 时可能面临资源不足的问题。同时，AI 模型的开发和迭代需要专业人才，这在短期内会提高企业的人力成本。

（3）模型的透明性和公平性。

AI 模型的决策逻辑复杂且不透明，容易引发偏见或歧视问题。企业需在 AI 模型的开发过程中，确保其公正性和透明性，以避免对特定用户群体的不公正待遇。

5. AI 在未来营销中的发展趋势

（1）增强现实（AR）和虚拟现实（VR）。

AI 将与 AR/VR 技术结合，为品牌提供沉浸式的体验。例如，电商平台可以使用 AR 技术让消费者在虚拟环境中试用商品，从而提升购买体验。

（2）无缝跨设备营销。

AI 将进一步实现不同设备之间的无缝衔接，为用户提供一致的品牌体验。例如，AI 可以在手机、电脑、智能音箱等多设备之间追踪用户旅程，为品牌提供全方位营销支持。

（3）AI 驱动的动态内容生成。

AI 技术将在未来支持实时的动态内容生成，使品牌能够根据用户的实时需求自动生成广告和内容。例如，媒体和广告平台可以根据用户的情绪状态自动调整内容风格和基调。

（4）隐私保护与伦理合规的技术进步。

随着消费者对隐私的关注度提升，AI 将不断优化隐私保护措施，如差分隐私、联邦学习等新技术，将在数据安全和隐私保护上发挥关键作用。

AI 的快速发展正在为营销带来深刻变革，赋能品牌实现更智能化和个性化的客户互动。未来，随着技术的进步和用户数据的增长，AI 将在营销中发挥越来越重要的作用，为品牌提供精确的数据支持、优化用户体验。

（5）情绪和情境感知营销。

随着 AI 情感计算和情境感知能力的提升，AI 将能够更加精确地分析用户的情绪和当下情境。例如，通过面部表情识别、语音分析和情绪文本分析，品牌可以更深入地了解用户的情绪状态和需求，从而在恰当的时刻推送更合适的内容或产品。这种情绪驱动的个性化内容可以让品牌与用户建立更深层次的情感联系。

（6）联邦学习（Federated Learning）与数据协作。

联邦学习是一种保护用户隐私的机器学习方法，它允许 AI 模型在多个设备上本地训练数据，而不需要集中数据。这一技术将帮助品牌在不泄露用户数据的情况下，通过分布式数据获得更深刻的市场洞察。同时，联邦学习还可以促进不同品牌和平台之间的数据协作，在遵循隐私法规的前提下，共同优化营销策略。例如，零售商与社交媒体平台可以通过联邦学习技术共享消费者偏好信息，而不是直接交换数据。

（7）智能内容生成与动态内容个性化。

AI 驱动的智能内容生成将进一步发展，使品牌能够实时生成和调整内容，以满足用户的个性化需求。例如，电商网站可以在用户浏览页面时，基于其购物历史、浏览行为等信息，动态生成推荐商品或推广内容。通过生成式 AI 技术，品牌可以根据用户的点击和反应动态调整内容，不断优化用户体验。

（8）AI 赋能的全渠道客户旅程管理。

AI 的进步将使品牌能够更精确地追踪和管理客户在不同渠道和设备上的全旅程体验。通过将线上和线下数据结合，品牌可以识别出关键触点并优化用户体验。例如，零售品牌可以通过 AI 分析线上行为（如网站点击）和线下活动（如门店购买），在适当的时间和渠道推送个性化信息，形成无缝、个性化的营销闭环。这种 AI 驱动的全渠道客户旅程管理将有助于提升客户转化率和品牌忠诚度。

（9）人工智能驱动的伦理和责任营销。

随着 AI 在营销中的广泛应用，消费者对品牌的信任度和透明度的要求也日益提升。品牌将更加注重人工智能的伦理和责任问题，积极推动公平、透明和负责任的 AI 应用。例如，品牌在使用 AI 推荐系统时，需确保推荐内容的多样性，避免算法偏见影响用户的选择。同时，在广告投放中，品牌也将确保 AI 模型的推荐符合道德标准，不会利用用户的脆弱时刻来实现过度营销。

（10）AI 与物联网（IoT）融合的智慧场景营销。

AI 与物联网（IoT）结合，将为品牌提供更多基于情境的实时数据。例如，智能家居设备可以与 AI 系统整合，通过分析家庭环境和用户习惯，提供更贴近实际场景的个性化推荐。例如，当用户接近家中智能冰箱时，冰箱屏幕可以根据库存和用户健康偏好推荐菜谱并链接到电商平台，这种情境式智慧营销提升了用户的体验和购买便利性。

（11）增强现实（AR）与虚拟现实（VR）中的智能互动。

随着 AR 和 VR 技术的成熟，AI 将推动更多智能互动在虚拟环境中的应用。例如，用户可以在虚拟商店中，利用 AI 推荐引擎浏览和试穿商品，体验个性化的沉浸式购物之旅。通过 AR/VR 结合 AI 的营销模式，品牌可以为用户提供互动性更强、体验更直观的线上购物环境，这种智能互动体验将进一步拉近用户与品牌的距离。

（12）AI 驱动的语音购物与无接触营销。

随着语音识别和语音助手的普及，语音购物成为一大趋势。AI 驱动的语音助手可以根据用户的购物历史和偏好，自动推荐商品、完成下单操作，甚至提供订单更新信息。同时，随着无接触需求的增加，品牌也将更多地依赖语音和其他无接触 AI 技术来实现更便捷的用户互动和营销服务。

通过进一步的技术融合与创新，AI 正在不断为营销领域注入新的活力和可能性。从情绪感知、情境感知到跨渠道的用户旅程管理，AI 为品牌和消费者提供了更具个性化、更具智能化的互动体验。未来，随着 AI 的不断发展和完善，营销行业将迎来更加高效、精准和人性化的营销新时代。在这一过程中，品牌需要保持对 AI 技术的敏锐洞察，同时秉持负责任的态度，确保技术应用符合道德规范和隐私保护要求，以建立长期、健康的用户关系。

案例分析

案例一：耐克的 AI 生成广告

耐克在 AI 技术的加持下，通过一项广告活动，呈现了塞雷娜·威廉姆斯 1999 年与 2017 年的虚拟对决，展示了 AI 技术如何为体育广告带来创意和个性化。2022 年，耐克与广告公司 AKQA 合作，利用先进的 AI 和机器学习技术，模拟了塞雷娜职业生涯两个关键时期的比赛。通过 AI 生成的模拟，将 1999 年的塞雷娜与 2017 年的塞雷娜进行了一场虚拟对抗，展现了她在风格、决策和敏捷性方面的变化。该模拟涵盖了多达 13 万场比赛，并在耐克的 YouTube 频道上进行直播，吸引了数百万观众的关注，并引发了对她职业成就的讨论。

这项广告活动不仅庆祝了塞雷娜的职业生涯成就，也展示了耐克将 AI 融入叙事的创新方法。通过整合档案录像和机器学习，耐克成功模拟了真实的比赛场景，让粉丝以全新的视角见证了她的成长。此类 AI 应用能够为耐克这样的品牌带来个性化和难忘的消费者体验，加深与观众的互动。

案例二：天猫的 AI 共创年画

天猫在 2024 年新春期间推出了基于 AI 的"年画共创"互动项目，借助明星 IP 和新春文化打造出独特的用户体验，吸引广泛用户参与。这一活动不仅让用户与明星共同创作个性化年画，还结合平台特色，推动了社交平台上的传播。

在活动中，天猫通过小红书、微博等平台进行话题发酵，激励用户参与并分享生成的年画和明星 IP 卡片。天猫为此还设立了"集卡"玩法，用户可以通过日常互动任务获得不同明星的卡牌，进一步拉近了消费者与品牌的距离。粉丝还在闲鱼上创建了卡牌互换中心，形成社区互动，使活动在站外引发了自发的分享和讨论。在线下，天猫在上海的南京西路地铁站打造了充满年味的"天猫全明星年画长廊"，增加品牌曝光。

通过线上线下的整合传播策略，天猫成功覆盖不同圈层的消费者，实现了品牌触达的扩展。同时，这种互动玩法不仅增强了消费者的参与度，还通过"邀请好友"等任务为品牌商家实现了拉新和会员转化，为品牌商铺带来了显著的流量增长和新会员数的增加。

案例三：康师傅的 AI 写春联

在春节期间，康师傅利用 AI 技术推出了"加康加年味"春联生成活动，通过虚拟形象和个性化春联内容引发社交分享热潮。用户可以通过小程序定制带有"康"字的春联，生成的春联内容根据用户所在地区和文化偏好量身定制。例如，康师傅运用了故宫文化元素，设计了融合传统纹样的服饰和背景，让用户体验一场"穿越"之旅，同时传递新年祝福。每副春联的生成不仅满足了个性化需求，还增加了用户的情感共鸣，使社交分享更具吸引力。

此外，康师傅还设置了团队互动模式，用户可以邀请好友共同书写安康长卷，汇聚全国各地的祝福，为品牌在春节期间赢得了更多关注度。这一活动成功地将品牌推广与中国传统文化相结合，增强了消费者对品牌的认同感。

案例四：耐克（Nike）和马提尼（Martini）

耐克和马提尼品牌最近探索了 AI 生成广告的新方向，为其产品创建完全由人工智能生成的广告活动。这些广告通过生成独特的视觉效果，展示了品牌的核心风格与吸引力，在社交媒体平台上引起关注。

耐克利用生成式 AI 工具如 DALL-E 生成广告图像，展示产品在运动和时尚之间的融合，并通过 AI 技术生成个性化、视觉吸引力强的内容吸引消费者的注意。

这种 AI 广告通过调节关键词和提示词，制作出符合消费者偏好的个性化视觉呈现，以更灵活的方式应对广告内容多变的市场需求。

马提尼则采用 Midjourney 平台，生成以风味为主题的视觉广告，展示不同的鸡尾酒系列。每个图像基于 AI 生成的描述性文本，呈现出与其酒类独特风味相契合的视觉效果。这种创意方式不仅展示了品牌的独特形象，还提升了消费者的视觉体验。

案例五：维京邮轮公司（Virgin Voyages）与初创公司 Deeplocal 之间的合作

维京邮轮公司（Virgin Voyages）与创意公司 Deeplocal 合作，推出了"Jen AI"深度伪造活动，通过詹妮弗·洛佩兹（Jennifer Lopez）的虚拟形象为用户创建个性化的邮轮邀请。作为品牌的"庆典主管"，洛佩兹以 AI 生成的真实形象出现，向客户发出定制邀请，鼓励他们与朋友或家人一起参加邮轮旅行。用户可以在维京邮轮网站输入个人信息，"Jen AI"将根据这些信息生成个性化视频邀请，从而增强出行体验的吸引力。

此次活动利用了先进的深度伪造技术，吸引了洛佩兹和维京邮轮的粉丝，带来更多互动体验。该活动体现了维京邮轮"庆祝与联结"的品牌理念，旨在为现代旅行者创造难忘的庆祝旅程。维京集团创始人理查德·布兰森（Richard Branson）表示，此活动是维京邮轮致力于庆祝生活特别时刻的一部分，鼓励人们与亲密的朋友或家人共同享受这独特的旅行体验。

案例六：美素佳儿与百度

美素佳儿联合百度营销推出的"宝宝不哭"智能小程序，利用百度的 AI 技术，通过智能分析宝宝的哭声来识别不同情绪背后的原因。这款小程序能够根据哭声特征判断宝宝的需求，如是否饥饿、困倦或不适，并为家长提供相应的安抚建议。通过深度学习模型和对大量婴儿哭声数据的分析，小程序能准确分类不同情绪并生成合适的安抚音乐，帮助缓解宝宝的不安情绪，提升家长的育儿体验。

同时，通过精准的数据分析和用户画像，小程序还能够识别和锁定目标用户群体，使得美素佳儿的品牌推广更加高效。借助这一创新工具，美素佳儿不仅能够帮助家长们更好地安抚宝宝，还可以通过与用户建立情感联系提升品牌的知名度和用户黏性。整体来看，这种结合 AI 技术和市场洞察的方案，不仅展示了品牌的科技创新能力，还满足了现代育儿的个性化需求。

案例七：周大生的 AI 营销

周大生在"520"节日中，通过一个绝妙的设计和一个精彩的故事，展示了 AI 时代下品牌如何与消费者建立深度连接。他们提出了一个名为"爱神"的 App，其中自带的 AI 系统，可以根据大数据和算法，为每个用户高效匹配"性价比最高"的恋爱对象。以下是对这一案例的详细完善。

1. 品牌电影背景与主题

周大生推出的影片《爱神·金不换》，以 AI 时代为背景，探讨了爱情与科技的关系。影片通过一对情侣因 AI 算法评估的"匹配度"选择分手，最终在质疑科技对爱情判断的过程中，认识到"爱无法计算"的理念。影片时长为 28 分钟，深入讨论了 AI 时代下的爱情观，提出了"去 AI 吧！无论值不值得"的口号，鼓励人们回归爱情的本质。

2. 影片内容与影响

影片中，AI 系统"爱神"由金不换创立，成为情感与投资的双重指南。它根据大数据分析，为用户匹配"性价比最高"的恋爱对象，颠覆了传统的情感观。影片通过展现爱情与 AI 评分的矛盾，得出"爱情无法计算"的结论，传递出周大生积极的爱情观。

3. 营销策略与推广

周大生在电影上映之前，在社交平台上线全明星主海报和 30 秒预告片，通过"大创造""大明星""大品牌""大制作""大投入"的宣传，直接将观众的期待值拉满。影片主题曲《同金共襯》也在网易云音乐同期上线，增加了影片的辨识度和共鸣感。

4. 首映会与线下活动

周大生在杭州万象城万象影城举行了首映礼，并在全国 90 多个城市举办了观影活动。首映现场，品牌代表、项目制作方以及众多媒体和 KOL 进行了沉浸式观影，并聚焦"爱"进行了观点分享与讨论。

5. 消费者讨论与话题引发

周大生邀请观众参与讨论"爱的确定性与可能性"等话题，进一步引发消费者对爱情的思考。影片通过故事细节深度走进用户，强化消费者对品牌的认同感，让受众产生身临其境的共鸣。

6. 品牌理念与社会意义

周大生通过《爱神·金不换》传递出"为爱而生"的品牌理念，展现了品牌在 AI 时代下对爱情价值观的深刻洞察和探讨。该影片不仅是一次营销活动，也是对社会情感议题的探讨，体现了周大生作为国民珠宝品牌的社会责任感。

通过这些详细的资料，我们可以看到周大生如何巧妙地结合 AI 技术与品牌情感价值，通过创新的营销手段与消费者进行深度沟通，传递出品牌对爱情的深刻理解和积极态度。

案例八：可口可乐的春节互动营销

可口可乐在 2024 年的春节营销活动中，运用了一系列创新的互动元素，以增强消费者的参与感。此次活动的亮点是允许用户生成个人数字形象（头像），并选择个性化的语音，制作出动画视频，表达新年祝福。这种结合了 AI 技术的创新方式，不仅让用户在数字环境中展示自我，还提升了品牌与消费者之间的情感联系。

可口可乐的活动还包括了一个增强现实（AR）元素。消费者通过扫描包装上的二维码，可以看到可口可乐的兔子家庭以三维形式"活"起来，从而生成定制的虚拟贺卡，分享给亲友。这一做法不仅呼应了春节团圆的主题，还强调了品牌在促进家庭和睦与连接中的角色。

此外，可口可乐还推出了一部动画短片，展示了不同代际间如何通过共同庆祝春节来连接彼此的故事。影片通过兔子家庭的温馨故事，传递了春节团聚的重要性与喜悦。这些创意旨在反映传统与现代生活方式的结合，帮助消费者在繁忙的生活中重新找回与家人团聚的意义。

整体来看，可口可乐通过这些丰富的互动体验和情感连接，不仅成功吸引了年轻一代的消费者，还进一步巩固了其作为春节期间家庭聚会和共享快乐时刻的重要品牌形象。

这些案例展示了 AI 技术如何帮助品牌在营销中实现创新，提高效率。AI 技术在营销中的多样化应用，从个性化推荐、智能客服、内容创作到预测分析等，AI 正帮助企业提升营销效率，增强客户体验，创造新的营销策略。

● 营销自动化工具

1. 营销自动化的概念与优势

营销自动化是一种通过软件技术实现营销流程自动化的解决方案，其目的是帮助企业在减少人力资源投入的同时，提供更精准、及时和个性化的客户体验。这一技术在数字化转型的推动下，已成为现代营销策略的核心组成部分，不仅提高了营销活动的效率，还大幅优化了客户关系管理。具体来说，营销自动化可以从以下几个方面为企业创造价值。

（1）提高营销效率。

自动化工具可以执行大量重复性任务，如发送营销邮件、发布社交媒体内容、数据追踪和收集等。通过解放营销人员的时间，团队可以更专注于制定长远的营销策略和创新活动，从而提高整体工作效率。

（2）节省成本。

营销自动化能够减少手动操作和相关的人力需求，特别是在企业的快速扩展阶段。这样不仅能够节省成本，还能通过自动化技术缩短任务完成时间，从而有效提升投资回报率（ROI）。

（3）增强品牌一致性。

自动化工具能够确保所有营销内容都符合品牌的标准，无论是在邮件设计、社交媒体内容还是广告投放方面，均能保持品牌形象的一致性，从而提升品牌的认知度和信任度。

（4）提升个性化体验。

自动化工具可以基于用户数据（如购买历史、网站行为）实施个性化营销。例如，在用户的特定行为（如浏览某商品）后自动发送个性化推荐邮件，从而提高客户黏性和忠诚度。

（5）数据驱动的决策支持。

营销自动化工具通常带有数据分析功能，能够实时收集并提供关于用户行为、营销效果等多方面的数据。这些数据有助于企业快速调整营销策略，提高对客户需求的响应能力和预测能力。

（6）灵活扩展与适应能力。

营销自动化系统具备高度的灵活性和可扩展性，能够根据企业业务的变化进行调整。无论是增加新渠道还是扩展数据整合能力，自动化工具都能够及时适应需求。

2. 营销自动化工具的选择与使用

选择合适的营销自动化工具是成功实施自动化的关键步骤。以下是一些选择和使用营销自动化工具的关键要点。

（1）明确业务需求和营销目标。

企业应当首先明确自动化工具的使用目标（如客户转化、提升参与度、提升销售额），确保选择的工具能够满足这些核心需求。

（2）功能匹配。

根据企业的具体营销需求选择适合的工具。例如，若其主要需求是电子邮件营销，则应选择带有邮件管理、自动回复功能的工具；若需要更全面的管理，可能还需要具备 CRM、社交媒体管理、广告投放的多功能平台。

（3）用户友好性和学习曲线。

工具的操作难度直接影响到团队的使用效率。因此，建议选择易于使用、上手快的工具，避免在培训上花费过多时间。

（4）数据集成与兼容性。

自动化工具应具备良好的数据集成能力，能够与企业的现有系统（如 CRM、ERP）和营销渠道（如电邮、社交媒体）无缝对接，形成数据闭环。

（5）预算与投资回报率。

根据企业预算选择合适的工具，避免超出预算但功能过剩的工具。同时，还应关注工具的长期效益，如节省的时间成本、提高的转化率等。

（6）技术支持与售后服务。

选择提供技术支持和持续更新的供应商，确保遇到技术问题时能够得到及时的帮助。

3. 营销自动化的实施步骤

实施营销自动化工具涉及一系列有条不紊的步骤，以确保自动化流程的高效运行和长期优化。以下是详细的实施步骤。

（1）设定营销目标与 KPI。

明确使用营销自动化工具的目标（如提升销售转化率、提高邮件点击率），并制定相应的关键绩效指标（KPIs），为后续评估效果提供参考。

（2）清洗和整理数据。

在自动化系统上线前，先清洗和整理客户数据，确保数据的准确性和完整性，避免因数据问题影响自动化效果。

（3）设计自动化工作流程。

根据营销需求和客户旅程，设计详细的工作流程。常见流程包括新用户欢迎邮件、购物车弃单提醒、生日问候邮件等，这些自动化任务能够在关键时刻为用户提供精准服务。

（4）内容创建与管理。

创建用于自动化流程的内容，并保持内容的更新与优化。其内容可以包括邮件模板、社交媒体文案、个性化推荐产品等，确保内容符合品牌风格和受众需求。

（5）配置自动化规则和触发条件。

设置自动化触发器和条件，如用户注册后的欢迎邮件、特定页面浏览后的推荐邮件等。触发器应基于用户行为和业务需求，确保及时、有效的沟通。

（6）测试与试运行。

在上线前，进行全面测试，确保每个流程、触发条件和内容的准确性与连贯性。测试的要素包括邮件发送时间、内容呈现、链接有效性等，避免正式运行时出现错误。

（7）上线监控与数据跟踪。

自动化流程上线后，定期监控关键指标（如开信率、点击率、转化率）并收集数据，分析用户行为和流程效果，确保流程按计划运行。

（8）持续优化与改进。

基于数据分析结果，定期优化自动化策略。例如，A/B测试不同的邮件主题、内容、发送时间，分析不同策略的效果，并不断调整优化，确保自动化流程的最大化效果。

4. 营销自动化工具未来的发展趋势

（1）人工智能与机器学习的融合。

未来，人工智能（AI）和机器学习将进一步提升营销自动化的智能化水平。例如，AI将能够更精确地预测客户需求，自动推荐最适合的内容，甚至能通过情感分析优化沟通方式，从而实现高度个性化的客户体验。

（2）多渠道整合的全旅程自动化。

多渠道自动化将成为主流，企业能够将邮件、社交媒体、网站、短信等不同渠道的沟通整合，提供一致的跨渠道客户体验。

（3）语音助手与物联网的结合。

随着智能家居和物联网的普及，语音助手将成为营销自动化的新渠道。例如，用户可以通过语音助手接收品牌的个性化推荐或通过智能设备进行购物，从而拓宽自动化工具的应用场景。

（4）隐私与数据保护的提升。

随着数据隐私法规的逐步完善，自动化工具将加强其隐私保护功能。未来的工具将更加重视数据合规，确保企业能够遵循法规进行数据管理，保障用户信息安全。

通过持续优化自动化工具和流程，企业能够更有效地管理和推动客户关系，提升用户体验并提高营销ROI。未来，随着AI、大数据和物联网技术的深入融合，营销自动化将继续发挥其在数字化转型中的重要作用，为企业带来更高的市场竞争力。

案例分析

案例一：HubSpot

HubSpot 是一个集成的营销、销售和服务平台，旨在简化客户互动并推动业务增长。以下是一些突出其能力的关键特性和功能。

（1）营销自动化：HubSpot 提供一套强大的营销自动化工具，帮助企业吸引、参与和取悦客户，包括电子邮件营销、社交媒体管理、内容管理和潜在客户生成等功能。用户可以创建个性化的活动，通过买家的旅程培养潜在客户。

（2）客户关系管理（CRM）：HubSpot 的免费 CRM 提供了管理客户关系的基本工具。它允许企业跟踪互动、管理联系人和分析销售绩效。客户数据的集中化有助于提供个性化体验并提高客户保留率。

（3）全面的报告和分析：该平台包括内置的分析和报告工具，使用户能够衡量他们的营销活动表现。企业可以获得关于客户行为、转化率和整体营销效果的洞察，帮助他们做出数据驱动的决策。

（4）内容管理系统（CMS）：HubSpot 具有直观的拖放式网站构建器，允许用户在不需要广泛的技术技能的情况下创建和自定义他们的网站。CMS 与营销工具集成，便于无缝的内容创建和管理。

（5）与其他工具的集成：HubSpot 可以与各种第三方应用程序集成，增强其功能。这包括与流行的电子邮件营销服务、社交媒体平台和分析工具的连接，帮助企业优化其工作流程。

（6）教育资源：HubSpot 提供广泛的培训材料，包括课程和认证，帮助用户最大限度地发挥平台的潜力。他们的 HubSpot Academy 为营销专业人士提供了宝贵的资源，以提高他们的技能。

总体而言，HubSpot 以其用户友好的界面、全面的特性和功能致力于赋予企业有效管理客户关系和推动增长所需的工具而脱颖而出。

案例二：Salesforce Pardot

Salesforce Pardot，现在被称为营销云账户参与平台，是一个复杂的 B2B 营销自动化平台，旨在帮助企业生成、培养和转化潜在客户。它提供了许多数据驱动营销的工具，使公司能够为客户创造高度针对性、个性化的体验。

Pardot 的关键特性包括以下内容。

（1）潜在客户评分和分级，用于优先考虑高质量的潜在客户。

（2）自动化电子邮件营销。

（3）高级细分。细分功能使营销人员能够创建个性化的着陆页、电子邮件和表单，并提供定制内容。Pardot的动态内容功能允许多达25种变化，以实现针对特定客户的体验，通过更相关的信息提高参与度和转化率。此外，Pardot与CRM系统（如Salesforce）的集成非常流畅，能够统一洞察营销和销售活动，这有助于对潜在客户的管理采取协调一致的方法。

对于专注于分析的营销人员，Pardot的B2B营销分析Plus提供AI驱动的洞察和可视化，追踪活动的投资回报率、管道增长和用户行为。这些数据有助于通过揭示哪些活动最有效来优化预算。Pardot还通过提供跟踪互动、简化社交媒体帖子和衡量SEO性能的工具，增强了社交媒体和搜索营销。有了自动化工具，Pardot减少了手动营销任务，支持更快、更有效的潜在客户培养。

综合这些特性，Pardot成了一个强大的平台，旨在帮助企业与客户建立更强大、数据驱动的联系，提高B2B领域中的参与度和投资回报率。

在中国，营销自动化工具的应用已经相当广泛，帮助企业提高效率和客户满意度。以下是一些国内企业使用营销自动化工具的成功案例：

案例三：肯德基与墨迹天气App的合作

肯德基通过与墨迹天气App合作，推出了"KFC雨神宅急送"营销活动，基于实时天气数据为用户推送雨天限定菜单，有效提升了订单量和配餐效率。

1. 合作背景与目标

肯德基与墨迹天气合作，利用墨迹天气的气象数据和LBS定位技术，精准定位用户天气情况，实现"KFC雨神宅急送"营销活动。其活动目标是在雨天提供限定菜单，吸引消费者在恶劣天气条件下选择肯德基宅急送服务，同时提升运营效率。

2. 活动策略与执行

活动通过墨迹天气App客户端内活动详情页，基于用户的实时天气情况推送不同的优惠。在雨天，用户可以一键领取一元劲爆鸡米花、葡式蛋挞和醇香土豆泥优惠券；在非雨天，则提供"买一送一"的福利政策。

该活动覆盖全国超过4000家肯德基宅急送餐厅，涉及1100多个城市，从2019年5月17日持续至8月16日。

3. 技术支持与创新

技术支持包括全球气象数据采集、LBS技术、气象雷达捕捉和机器学习算法，以精准计算全国不同位置即将降雨的城市，实现精准投放活动广告。

肯德基通过实时天气App监测数据，推出雨天限定菜单，吸引消费者快速下单，缩短出餐时间。

4. 营销效果与成果

该活动上线两周内，全国累计超过 85 万人次使用雨天菜单，单日超过 20 万人次使用，配餐时间每单缩短 25%，订单量增长 4%。App 下载页每天流量达 14 万，菜单页面日均 PV 达 3.5 万。

5. 市场反响与认可

肯德基的"KFC 雨神宅急送"项目在 2019 全投赏国际创意节上斩获多项大奖，包括 1 项全场大奖、5 项全奖等，肯德基所属百胜中国荣获"商业创意奖餐饮服务行业年度品牌公司"的年度殊荣。

6. 社会与经济效益

通过"KFC 雨神宅急送"活动，肯德基不仅提升了销售额和品牌曝光度，还通过创新的营销方式，为消费者提供了更加便捷和个性化的服务，增强了消费者体验。

通过这次合作，肯德基成功地将天气变化与消费者需求相结合，创造了新的消费场景，并通过精准营销提升了品牌竞争力和市场份额。

案例四：可口可乐的"城市摩登罐"设计

可口可乐推出"城市摩登罐"设计，并结合手机百度的 AR 功能，为用户提供沉浸式互动体验，有效提升了用户分享比例和品牌关注度。

1. 合作背景与目标

可口可乐与百度 AR 合作，推出"城市摩登罐"设计，旨在通过结合 AR 技术，让消费者体验到每个城市的独特文化和个性，同时增强品牌互动性和关注度。

2. 活动策略与执行

可口可乐推出了 16 款以城市为主题的特别版可乐罐，每个设计代表了中国不同城市的独特"面孔"，融合了城市文化元素和个性，突出了各自的特色。

艺术家 Noma Bar 创作了这些风格化罐身，展示了 23 个城市的标志性文化元素，如地标、街头文化和地方特色，全部以黑色、白色和可口可乐红色呈现。

3. 技术支持与创新

用户通过手机百度 App 扫描这些罐身，可以解锁沉浸式 AR 体验，包括互动游戏和 360 度虚拟旅游，将罐身转变为动态的故事讲述门户。

活动通过"城市探索"AR 游戏、性格测试和实时地图连接了全中国的用户，这种互动方式增强了社区感并提高了参与度。

4.营销效果与成果

可口可乐通过此次活动显著提升了品牌忠诚度，实现了销售量的大幅增长，不仅增加了销量，还提升了品牌的高端定位。

5.市场反响与认可

可口可乐的城市罐AR活动将全景图、百度百科等产品融入场景之中，为用户提供了更加丰富的互动体验。此次活动不仅提升了用户参与度，还通过数据驱动的营销和情境化推广有效增强了客户体验和运营效率。

通过这次合作，可口可乐成功地将城市文化与AR技术相结合，创造了新的消费体验，同时也加强了品牌与年轻消费者之间的联系。

案例五：《一个人的球队》

腾讯广告发布了《一个人的球队》H5公益广告，通过真实故事打动人心，成功引起了社会广泛关注，显著提高了器官捐献志愿登记的数量。

1.项目背景

为了提升公众对器官捐献的认知度，中国人体器官捐献管理中心与创意人龙杰琦启动了"一个人的球队"项目。项目的初衷是寻找一位热爱篮球的器官捐献者的受益人，组建一支由器官捐献受益人组成的篮球队，以此向捐献者致敬，并展示受益人的生活状态和他们对器官捐献者的感激之情。

2.活动策略与执行

项目以一个热爱篮球的16岁少年叶沙为原型，他在去世后捐献了自己的器官，让7个人重获新生。叶沙的五位器官受益人组成了"一个人的球队"，以完成叶沙未竟的篮球梦。

通过腾讯广告发布的H5公益广告，邀请网友签名支持《致篮球界的一封求助信》，帮助"叶沙队"圆梦职业赛场。

3.技术支持与创新

利用腾讯广告平台的资源优势，在微信朋友圈、腾讯新闻、腾讯视频等多个平台进行投放，覆盖亿万级用户，迅速营造出互联网大事件的声浪。

4.营销效果与成果

《一个人的球队》公益片在社交媒体上首次传播后，3天内就有826万人次点击互动，5.7万人签名支持，吸引了3.1万人志愿登记为器官捐献者。

在此次活动的影响下，68万人加入器官捐献的行列，让更多人了解和关注人体器官捐献事业。项目播出一年内，新增器官捐献志愿登记68万人，是过去9年志愿登记的总和。

5. 社会反响与认可

《一个人的球队》获得了包括戛纳 PR 类银狮奖在内的 33 个奖项，其中全场大奖 5 枚，金奖 17 枚，银奖 5 枚，其他奖项 6 枚。

该项目不仅提升了器官捐献的社会关注度，还改变了中国公众坚持保全遗体的传统观念，让爱心得以传递，生命得以延续。

6. 持续影响

《一个人的球队》中的受助者周海生不幸去世后，选择捐献了自己的眼角膜，从受助者转为捐献者，让两名眼疾患者重见光明，用生命将这份大爱延续下去。

通过这次合作，腾讯广告成功地将一个小众话题转化为社会广泛关注的事件，不仅提高了器官捐献的公众意识，还实现了志愿登记数量的显著增长，展现了公益广告的巨大社会影响力。

通过这些案例，我们可以看到营销自动化工具如何帮助企业提高效率、降低成本，提升客户体验，推动销售增长，并实现更精准的营销活动。随着技术的不断进步，营销自动化将继续在数字化营销中发挥关键作用。

第五章：AI 体验营销的核心与实现路径

AI 体验营销旨在借助人工智能技术，构建以用户为中心的个性化体验，通过智能化、自动化的手段，提升品牌与用户之间的互动质量。其核心在于通过一个"四维体验矩阵"来系统化地优化用户体验，确保品牌能够在不同的触点为用户提供一致、连贯的体验。

● AI 体验营销构建四维体验矩阵

四维体验矩阵将体验营销的复杂性抽象为四个核心维度：体验要素、媒介、用户生命周期和购买行为路径。通过这四个维度的深入应用，AI 能够提供个性化、细致入微的营销体验。

1. 体验要素

体验要素包含五个方面：感官体验、情感体验、思考体验、行动体验和关联体验。这五个方面不仅构成了体验营销的核心，还能够通过 AI 技术的应用，深入挖掘用户潜在需求，进行更为精细的营销管理。

（1）感官体验：利用 AI 技术（如计算机视觉、增强现实）为用户提供沉浸式的视觉、听觉等感官体验。举例来说，AR 技术能让用户在虚拟环境中试穿服装或试用化妆品。

（2）情感体验：通过情感分析技术理解用户情绪，从而进行情感化的互动。例如，AI 可以分析用户在社交媒体上的评论情绪，以制定不同的响应策略。

（3）思考体验：AI 通过推荐系统提供启发性的内容和建议，促使用户思考和探索。例如，电商平台使用个性化推荐系统，为用户推荐符合其兴趣的产品或品牌。

（4）行动体验：利用数据和行为分析，鼓励用户做出行动（如购买、分享）。通过 AI 生成限时折扣、互动游戏等，激发用户参与的欲望。

（5）关联体验：利用 AI 在品牌与用户、用户与用户之间建立联系，形成社群互动。例如，通过 AI 将有类似兴趣或需求的用户聚合在一起，增强用户的品牌归属感。

2. 媒介

AI 体验营销中的媒介涵盖多个渠道，包括互联网、社交媒体、移动应用、产品展示空间、标识等，保证用户在不同场景下获得一致的品牌体验。

（1）互联网和移动应用：通过算法驱动的内容推荐、个性化广告、实时交互等提升用户体验。

（2）社交媒体：通过社交监听和分析用户互动数据，AI 能够预测用户兴趣并推送相关内容。

（3）产品展示空间和标识：如在门店内通过 AI 技术识别用户特征，实时调整展示内容，提升互动体验。

3. 用户生命周期

用户生命周期包括从潜在用户到忠实用户的转化过程，AI 体验营销能够在每个阶段提供高度个性化的体验。

（1）潜在用户阶段：AI 利用数据分析识别潜在用户，通过精准的广告和个性化内容吸引关注。

（2）首次购买阶段：提供有针对性的优惠和推荐，提高首次转化率。

（3）客户维护阶段：通过行为数据和偏好分析，提供持续的个性化推荐、活动邀请，维持用户的忠诚度。

（4）忠实用户阶段：建立品牌粉丝社群，利用 AI 技术（如 NLP）增强用户互动，从而进一步提升用户忠诚度。

4. 购买行为路径

AI 在购买行为路径中，通过数据分析优化从需求识别到购后评价的全流程。

（1）需求识别：AI 根据用户的浏览和搜索数据，预测潜在需求，并在适当时机推送相关内容。

（2）信息搜集：通过个性化推荐系统展示符合用户兴趣的信息，提升用户体验。

（3）评估与决策：AI 在用户决策阶段提供智能化的对比功能、评价分析，以增强用户对产品的信任度。

（4）购买与售后：AI 在购买过程中提供便捷的支付和支持服务，并通过购后分析及时进行反馈，进一步提高满意度。

案例分析

案例一： 智能推荐系统：Netflix 和亚马逊

1. 案例说明

Netflix 和亚马逊利用 AI 推荐系统，根据用户的观看或购物历史提供个性化推荐。这种基于数据的智能推荐帮助品牌在触点中维持高度个性化的用户体验。

2. 应用"四维体验矩阵"

（1）时间维度：实时更新推荐内容，满足用户即时需求。

（2）情境维度：根据用户的使用情境（如早晨通勤时间或周末休闲时段）优化内容展示。

（3）情感维度：通过分析用户偏好和情绪，推荐可能符合其情感需求的内容或产品。

（4）互动维度：通过智能推送或动态内容展示，增加用户的互动频率和黏性。

案例二： 智能客服：美团和京东

1. 案例说明

美团和京东的智能客服系统采用 NLP（自然语言处理）技术，为用户提供即时帮助和解决方案，并且在无法解决复杂问题时，及时将用户转接至人工客服。

2. 应用"四维体验矩阵"

（1）时间维度：实现 7×24 小时的全天候响应，提高响应速度。

（2）情境维度：根据用户问题的紧急程度，智能判断是否需要转接至人工，优化服务效率。

（3）情感维度：通过分析用户情绪（如愤怒、疑惑）调整客服语气，提升服务体验。

（4）互动维度：智能客服与用户进行双向互动，询问用户的更多需求，提供进一步帮助。

案例三： 个性化广告投放：Facebook 和谷歌

1. 案例说明

Facebook 和谷歌通过 AI 驱动的广告系统，实现高度定制化的广告推送。通过数据分析和机器学习，向特定用户投放符合其兴趣和需求的广告。

2. 应用"四维体验矩阵"

（1）时间维度：根据用户在线时间动态调整广告推送时间，确保广告出现在合适的时机。

（2）情境维度：在用户浏览相关内容时，推送相匹配的广告，提高点击率。

（3）情感维度：结合用户对内容的情感反应，优化广告内容，增加吸引力。

（4）互动维度：引导用户进行广告互动，如点击、评论或直接联系品牌，增加互动深度。

案例四：智能产品推荐：宜家和耐克

1. 案例说明

宜家和耐克利用 AI 的视觉识别技术，为用户提供个性化的产品推荐和虚拟试穿/试搭配服务。例如，宜家通过 AR 应用让用户看到家具在家中的实际效果，而耐克则提供虚拟试鞋功能。

2. 应用"四维体验矩阵"

（1）时间维度：在用户浏览产品时立即提供试穿或搭配体验。

（2）情境维度：基于用户所在的位置、购物历史，提供适合的产品推荐。

（3）情感维度：增强用户对产品的期待感，通过沉浸式体验提高满意度。

（4）互动维度：允许用户在体验中互动，调整不同的产品参数（如颜色、大小）以获得最佳效果。

这些案例表明了如何通过"四维体验矩阵"将 AI 技术应用于营销中，以创造出高度个性化和互动性强的用户体验，实现品牌与用户之间更深层次的联系。

● 人工智能技术在营销中的角色

在 AI 体验营销中，以下核心 AI 技术为实现全流程个性化体验提供了基础支持。

1. 数据分析与机器学习

数据分析和机器学习是 AI 体验营销的基础。通过大数据分析，AI 能够识别用户偏好、行为习惯，从而做出精确的市场预测和策略调整。例如，机器学习算法可根据用户的购买记录预测未来需求，并及时推送相关内容。

2. 自然语言处理（NLP）

NLP 通过理解和生成自然语言，使得品牌能够更高效地与用户互动，特别是在智能客服、语音识别、情感分析等应用上。许多品牌使用 NLP 技术来分析用户评论，获取情绪反馈，并实时调整沟通策略。

3. 计算机视觉

通过图像和视频识别，计算机视觉能够分析用户的行为特征。例如，AI 可以在门店内识别客户年龄、性别，以自动调整推荐内容，提升线下用户的体验感。

4. 推荐系统

基于用户行为数据和偏好，推荐系统能够提供精准的个性化内容和产品推荐。这些系统能够在电商平台、社交媒体、内容平台上应用，为用户提供个性化的产品建议，提升用户的参与度和转化率。

● **核心技术生态体系的构建**

构建 AI 体验营销的生态体系，需要三个核心层次的协调发展：应用层、模型层和基础层，以支撑全方位的智能营销体验。

1. 应用层

应用层是实现 AI 体验营销的具体场景，包括策略洞察、内容生产、广告投放、渠道运营和客户服务等。通过智能竞价、智能广告投放、跨渠道数据整合，品牌能够高效触达用户并维持与其的互动关系。例如，智能竞价工具通过实时监测市场动态，以最优价格获取广告展示。

2. 模型层

模型层涵盖了 AI 算法模型，分为通用模型和垂类模型。通用模型负责基础的数据处理、用户画像生成等任务；而垂类模型则针对特定行业（如零售、金融、医疗）提供定制化支持，以便更精准地满足行业需求。例如，零售行业的模型可以根据购买历史为客户推荐合适的产品，而金融行业的模型则可以预测客户的风险偏好。

3. 基础层

基础层是 AI 体验营销的底层支持，能够提供算力、数据和其他基础资源，确保整个技术体系的高效运转。算力主要依赖云计算和边缘计算，以便实时处理用户行为和市场数据；数据层则包括实时数据、历史数据、用户行为数据等，以此作为 AI 学习和决策的核心资源。

第六章：共创生态体系的发展

随着人工智能和数字化技术的快速发展，共创生态体系逐渐成为营销行业的核心驱动力。共创生态体系通过技术和营销的深度融合，推动了行业的创新变革，并形成了开放、协作、共赢的产业环境。共创生态体系的发展不仅使企业得以高效应用 AI 技术，还带动了更大规模的行业协同与创新。

● 技术与营销的深度融合

共创生态体系的一个重要特征是技术与营销的深入整合，使得企业能够在激烈的市场竞争中迅速响应用户需求，并通过创新技术提升营销效果和客户体验。

1. 技术创新

AI 技术，尤其是生成式 AI，成为共创生态中的重要引擎。生成式 AI 能够在内容创作、个性化推荐、情感分析等方面赋予营销新的可能。例如，ChatGPT 和 Midjourney 等生成式 AI 平台帮助企业快速生成大量高质量内容，大幅提升了营销活动的效率。此外，生成式 AI 还支持自然语言处理和情感识别，增强了客户互动的情感深度和精确度。例如，耐克（Nike）利用生成式 AI 为不同的用户提供个性化的广告和互动体验，以满足不同用户的独特需求。

2. 生态共建

头部互联网企业、数字化运营服务商、AI 创新企业在共创生态体系中携手合作，共同推动 AI 体验营销的发展。例如，阿里巴巴、腾讯、百度等互联网巨头与广告代理公司、技术供应商等合作，构建了一个协作型的 AI 营销生态，形成资源共享和技术互通的开放平台。此类生态系统为中小企业提供了基础设施和技术支持，使他们能够快速加入 AI 驱动的营销浪潮中。

3. 数据共享与隐私保护

在共创生态中，各参与方之间的数据共享至关重要，以此来实现用户画像的完善和精准营销。然而，数据隐私问题也需重点关注。通过区块链和联邦学习等新兴技术，可以在保护用户隐私的前提下，实现跨平台的数据共享。例如，腾讯采用区块链技术为其广告数据提供追溯能力，从而在多方数据合作中有效保护用户隐私。

● **共创生态对行业发展的推动作用**

共创生态不仅推动了技术和资源的融合，还带动了整个行业的发展，使各方企业都能从中获益。

1. 市场潜力与规模

根据国家市场监督管理总局和中国国际公共关系协会的统计数据，2022 年中国广告营销市场规模达到了 10403.5 亿元。随着 AI 和生成式 AI 的发展，特别是在广告营销领域的广泛应用，使其未来市场潜力将进一步提升。预计 AI 在广告市场的规模将从 2023 年的 50 亿元增长至 2030 年的 1500 亿元。这一增长潜力激励着更多企业加入共创生态，推动广告技术的快速进步。

2. 营销全流程的重塑

AI 技术已深刻改变了传统的营销模式，使得营销流程更加自动化、智能化。例如，生成式 AI 可以在广告策略制定阶段，基于大数据和机器学习技术分析市场趋势，从而生成精准的投放方案。在内容生产阶段，生成式 AI 可以通过自然语言生成或图像生成快速创建多样化的营销内容。阿里巴巴和京东等企业正使用此类技术，为电商平台上的商家提供更快速的广告制作工具，降低了内容制作的门槛和成本。

3. 用户体验的提升

AI 体验营销大幅提升了用户的互动感和参与度。例如，星巴克推出的"星巴克 Rewards"程序结合 AI 技术，基于用户的购买记录和偏好，为用户提供个性化的优惠和推荐，提升客户忠诚度和消费体验。AI 还使得这些先进的营销工具更为普及，并降低了技术门槛，特别是通过预先训练的行业大模型，使得中小企业也能轻松使用复杂的 AI 技术来实现精细化的用户管理。

案例分析

案例一：阿里巴巴的 AI 驱动电商生态

阿里巴巴利用 AI 技术建立了一个由商家、服务商、广告代理公司和技术供应商共同参与的共创生态体系。阿里巴巴旗下的达摩院开发了一系列 AI 工具，如智能客服"阿里小蜜"和广告优化工具"品效通"，帮助商家更精准地触达客户。通过这个共创生态体系，阿里巴巴不仅大幅提升了商家的营销效率，还为消费者提供了更加个性化的消费体验。

案例二： 腾讯的智慧广告生态系统

腾讯的智慧广告系统基于其生态内的各类平台（如微信、QQ、腾讯视频）和合作方数据，实现了广告的精准投放。腾讯通过与广告代理公司和技术提供商合作，利用 AI 技术在广告展示前期对用户的兴趣进行预测和判断，增强广告的转化效果。在共创生态体系中，腾讯还结合区块链技术，实现了数据的跨平台追踪，确保了用户隐私的安全。

案例三： 字节跳动的抖音生态

字节跳动通过短视频平台抖音搭建了共创生态，将创作者、品牌方、技术供应商纳入其中，共同推动品牌内容的创新和营销效果的提升。例如，字节跳动的 AI 技术可以为品牌主提供个性化内容创作支持，通过生成短视频、定制广告文案等帮助品牌主在抖音平台上获得更高的用户关注度。同时，字节跳动还和第三方合作，开发了视频效果优化工具，增强了创作者的表现力和创意自由度。

总之，共创生态体系的发展实现了技术和营销的深度融合，推动了行业的创新和增长。企业间的技术共享和资源整合不仅提升了行业整体的技术水平，还使更多企业能够享受到 AI 技术带来的高效与便捷。未来，共创生态体系的发展将进一步推动营销技术的普及化和智能化，为各类品牌提供创新增长的机会，从而在全球范围内增强市场竞争力。

第七章：AI 体验营销的创新玩法

● **创新营销策略与消费者互动**

（1）全渠道触达：通过社交媒体、搜索引擎、新闻网站等多渠道策略，实现对目标用户的全面触达。

案例说明：麦当劳利用多渠道的广告推广，包括社交媒体、搜索引擎广告、新闻网站、电子邮件及其自有 App。这一策略保证了无论用户在哪个平台，都能接收到与麦当劳相关的个性化促销信息。

效果：通过全渠道触达，麦当劳不仅增加了品牌曝光，还利用不同渠道的特点（如社交媒体的互动性和即时性）来与不同用户群体建立联系，提高品牌忠诚度和用户黏性。

（2）个性化推荐：在消费前通过个性化推荐预热活动，营造出用户期待感。

案例说明：亚马逊的推荐引擎基于用户浏览和购买历史提供个性化推荐，增强了用户在购买前的期待感。例如，在促销活动前推送特别推荐商品，以预热活动氛围。

效果：通过个性化推荐，亚马逊能够显著提高点击率和转化率，同时让用户感受到贴心和专属的购物体验。

（3）一键购买：提供便捷的一键购买功能，使用户在消费过程中获得流畅的购物体验。

案例说明：在支付宝和淘宝 App 中，用户可以通过一键购买功能快速完成交易，从而极大地简化了购物流程。

效果：一键购买功能减少了用户在付款环节的时间成本，提升了消费体验，使用户更容易做出购买决定，最终提高了转化率。

（4）多场景互动：通过多场景互动形式，使用户在消费过程中获得出乎意料的惊喜。

案例说明：耐克的 Nike Run Club 应用通过多场景的互动形式（如实时运动挑战、排名和奖励）为用户提供新奇的体验。用户在使用应用时，会接收到鼓励信息和挑战邀请，甚至可以解锁虚拟奖章。

效果：这种多场景互动不仅能够激励用户频繁使用 App，还为用户带来了意想不到的惊喜，增强了品牌与用户之间的情感联系。

（5）实时响应：在体验结束后提供实时响应和社区互动服务，增强用户的分享意愿，帮助品牌持续传播。

案例说明：星巴克在社交媒体平台上与用户进行实时互动，并鼓励用户分享他们的咖啡体验。用户一旦发布内容，星巴克会进行回应或是转发优质的用户内容。

效果：这种实时响应提升了用户的参与感和归属感，并且通过用户分享进一步扩大了品牌传播效果。

● **个性化体验的实现**

（1）用户 AI 标签：通过用户行为分析和 AI 技术，为用户打上精准的标签，以便进行个性化营销。

案例说明：Spotify 利用 AI 技术分析用户的收听习惯，为用户打上音乐偏好标签，如"轻音乐爱好者"或"摇滚迷"，然后基于这些标签推荐个性化的歌单。

效果：通过 AI 标签，Spotify 精准地满足了用户的个性化音乐需求，提高了用户的活跃度和黏性，同时增加了订阅率。

（2）内容优化：利用 AI 技术生成和优化营销内容，包括文案生成、海报 / 图像生成、视频生成等，提升内容的吸引力和感染力。

案例说明：宝洁（P&G）利用 AIGC 技术为其广告内容生成个性化的广告文案、图片和视频，并进行自动化优化以吸引不同群体的兴趣。

效果：AIGC 自动生成的内容大幅提高了宝洁的内容生产效率，并通过内容优化使广告更贴近用户偏好，提升了广告转化率。

（3）个性化广告精准投放：通过用户定向、关键词推荐、智能竞价等手段，实现个性化广告的精准投放。

（4）智能客服：通过技术集成、知识库建设、机器人坐席等方式，提升客户服务的质量和效率。

● **AI 驱动的存量市场的应对策略**

1. 优质内容与创新体验的重要性

内容为王：在存量市场中，用户的需求更加多样化和个性化。企业需要通过高质量的内容来吸引和留住用户。其内容不仅包括传统的文字和图片，还应包含视频、互动体验等多种形式。

创新体验：企业需要不断创新用户体验，提供全新的互动方式和情感连接。例如，通过 AR、VR 等新兴技术，为用户提供沉浸式的体验。

2. 打破竞争平衡的方法

（1）AI 体验营销：利用人工智能技术，对用户进行深度分析，提供个性化的营销内容和服务。AI 体验营销可以通过全渠道触达、个性化推荐等方式，提升用户的参与度和满意度。

（2）全周期用户关怀：关注用户从认知到购买再到忠诚的全生命周期，通过各个环节的精细化运营，提升用户的整体体验。例如，在购买前提供详细的产品信息和试用机会，在购买后提供优质的售后服务和社区互动。

案例说明：电动车品牌蔚来（NIO）通过其用户体验中心，为车主提供全面的服务，从购买前的试驾体验到购后的智能维护提醒，蔚来构建了一个全面的用户生命周期管理体系。

效果：蔚来的全周期用户关怀策略，使用户在购车后仍享受高品质的服务，提升了用户满意度和忠诚度，并通过车主社区促进了品牌口碑的传播。

综上所述，企业在存量市场中应注重优质内容的生产和创新体验的提供，同时利用 AI 技术和全周期用户关怀策略，打破竞争平衡，实现可持续增长。

● **全链路 AR + AIGC 营销服务**

全链路 AR+AIGC 营销服务是指利用增强现实（AR）和人工智能生成内容（AIGC）技术，提供覆盖营销全过程的服务。这种服务结合了 AR 的沉浸式体验和 AIGC 的自动化内容生成能力，旨在提升营销效率和用户体验。

（1）案例说明：火山引擎是字节跳动旗下的云服务平台，提供了从底层技术到顶层应用的 AI 体验营销全景图。火山引擎的 AIGC 体验营销解决方案包括智能创作云、AR + AIGC 互动营销、Carlog / Vlog 创意互动、直播洞察及销售 AI 助手等，这些技术和应用能够全面提升创作、互动和转化效率，构建从触客、获客到活客的消费者体验营销服务体系，从而实现全链路的消费者体验优化。

火山引擎结合 AR 和 AIGC 技术，为品牌客户提供从创意洞察到全链路分发的营销服务。例如，一些客户利用火山引擎的 AIGC 创意平台生成个性化广告内容，并通过 AR 技术在广告中加入沉浸式体验。

效果：通过火山引擎提供的完整服务链，品牌方能够在高效生产内容的同时，实现沉浸式互动，显著提升用户体验，并帮助品牌提高营销转化率。

（2）案例说明：宜家使用 AR 技术和 AIGC 生成的产品展示图，允许用户在自家环境中预览家具，甚至试搭配不同风格，帮助用户在购买前完成设计。

效果：这种沉浸式体验使用户在家中就能直观地感受家具效果，降低了选择障碍，提高了购买意向。

因此，全链路 AR+AIGC 营销服务的具体内容可能包括但不限于以下几个方面。

（1）智能创意洞察：利用 AIGC 技术进行市场分析、用户行为分析、用户画像构建等，为营销策略提供数据支持。

（2）智能创作平台：集成 AIGC 创作工具，自动化生成文案、海报、视频等内容，提升内容生产的效率和质量。

（3）AR + AIGC 互动营销：结合增强现实技术，提供沉浸式的营销体验，吸引用户参与和互动。

（4）多平台分发与管理：通过智能广告投放系统，将内容高效分发到多个平台，实现精准触达目标用户。

（5）直播洞察：利用 AI 技术对直播数据进行实时分析，提供策略建议，提升直播效果。

（6）销售 AI 助手：提供智能外呼、客户之声、智能陪练等功能，辅助销售人员提升业绩。

通过这些技术和应用，企业能够实现全链路的消费者体验优化，提升营销效果和用户体验。

第八章：成功案例分析

以下列举了多个国际大品牌在数字化转型和线上运营提升中的成功案例，通过数据整合、渠道打通和 AI 驱动的运营服务体系，实现了营销的精准化和客户体验的提升。

1. 数据上翻与整合：星巴克（Starbucks）

（1）背景与目标。

星巴克在全球拥有庞大的会员基数，但其线下门店会员数据与线上会员体系未实现统一管理。为了提升用户体验和营销精准性，星巴克计划整合线下和线上会员数据。

（2）执行细节。

· 将线下门店的会员数据同步到线上，通过全渠道会员系统整合数据。

· 利用数据标签和分层机制，将用户分为不同消费群体（如高频用户、低频用户）。

· 设计个性化推送，如基于用户偏好推送折扣券、免费饮品活动等。

效果

· 会员活跃度提升：个性化活动提高了会员参与率。

· 销售额增长：通过精准营销，提升了会员的复购率和门店的销量。

· 用户黏性增强：星巴克会员体系成为其品牌的重要竞争优势。

2. 渠道打通与运营：阿迪达斯（Adidas）

（1）背景与挑战。

阿迪达斯主要依赖多平台电商渠道（如亚马逊、官方商城），但各渠道的数据和粉丝运营分离，难以协同。

（2）策略与执行。

· 利用 AI 模型分析目标受众（TA）行为偏好，将用户分层，并在不同平台实施差异化运营。

· 在亚马逊，阿迪达斯重点推广性价比高的经典产品。

· 在自家商城，注重推出联名款和限量新品，打造品牌个性。

· 打通各电商平台的粉丝和数据，通过交叉推广（如在亚马逊推荐商城新品），提高品牌整体曝光率。

（3）效果。

·粉丝增长：多个平台的关注人数大幅提升。

·销售额提升：精准的跨平台运营策略显著提高了转化率。

·品牌曝光：实现品牌的统一传播，提高了品牌知名度。

3. AI 驱动的消费者运营服务体系：亚马逊（Amazon）

（1）背景。

亚马逊通过其庞大的用户数据和先进的 AI 技术，致力于为消费者提供无缝且个性化的购物体验。

（2）执行细节。

·机器学习算法：①分析用户购买历史、浏览行为、搜索记录等数据，生成个性化推荐；②根据用户所在地区、季节变化等，实时调整推荐内容。

·个性化服务：①高价值客户：推送新品、专属折扣、定制化会员活动；②低活跃客户：发送复购提醒、优惠券等唤醒措施。

·NLP 技术：①分析用户评价内容，提取消费者需求和情感倾向；②根据用户反馈优化产品详情页和广告文案。

（3）效果。

·消费频次增长：个性化推荐提高了用户的停留时间和购买转化率。

·满意度提升：消费者认为推荐内容更符合个人需求。

·营销效率提高：AI 算法精准锁定高价值客户，减少了资源浪费。

（4）总结与经验。

通过深入剖析以上品牌的成功案例，可以总结出以下宝贵经验。

·数据整合是提升运营效率和营销精准度的关键。无论是星巴克的全渠道会员整合，还是阿迪达斯的跨平台数据打通，都证明了数据统一管理的重要性。

·差异化运营策略是应对多渠道运营挑战的有效手段。品牌需要根据用户行为特征，制定针对不同平台的营销策略。

·AI 驱动的服务体系能够显著提高用户体验与营销转化率。亚马逊的 AI 算法应用展示了如何通过数据分析实现个性化服务，提升用户忠诚度。

（5）其他国际大品牌案例。

·耐克（Nike）：利用 AI 分析消费者运动数据，推出个性化跑鞋推荐和训练计划。

·宜家（IKEA）：通过 AR 应用让用户在家中模拟家具摆放，提升线上转化率。

·苹果（Apple）：通过 Apple Music 推荐系统和个性化通知，提高了订阅服务的用户黏性。

这些案例展示了数字化转型中技术驱动的多样化应用场景，为品牌的数字化营销提供了可行的实践参考。

● **典型案例的策略与执行**

1. 数据上翻与整合

（1）背景与目标：某品牌拥有大量的线下历史会员，但线下与线上运营脱节，难以实现统一管理。通过将线下门店的435万历史会员数据上翻到线上，品牌在2022年3月实现了线上线下会员数据的整合。

（2）执行细节：上翻后的会员数据统一接入线上会员系统，通过打标签、分层等手段细分用户，设计个性化的营销活动。同时，品牌还将线下购物记录和行为数据与线上用户画像融合，形成更全面的用户数据池。

（3）效果：线上会员池扩大后，品牌能够实施更精准的营销策略，提升用户复购率和留存率。通过个性化推荐、活动推送等措施，品牌线上销售额获得了显著增长，并且增强了会员的黏性和忠诚度。

2. 渠道打通与运营

（1）背景与挑战：核心电商销售渠道的京东与天猫，其粉丝和数据原本各自独立，难以协同运营。品牌决定打通这两大渠道，实现跨平台的协同增长。

（2）策略：利用AI模型进行TA（Target Audience）人群分层分析，品牌在两个电商平台上分别执行适配的粉丝增长和销售策略。例如，通过洞察用户偏好，品牌在京东主要推送高性价比产品，而在天猫则更偏重于品牌感和个性化产品的展示。

（3）效果：粉丝数和销售额双双增长，品牌实现了跨平台的粉丝拉新和精细化运营。两个平台的交叉推广也提高了品牌曝光率，有效提升了购买转化率。

3. AI驱动的消费者运营服务体系

（1）背景：为了提供更精细化的服务，品牌基于AI技术建立了消费者运营服务体系，通过算法分析顾客需求并提供个性化服务。

（2）执行细节：该服务体系运用机器学习算法，分析用户历史行为、购买偏好、互动习惯等多维度数据，分层并推送不同的服务内容。例如，对于高价值客户，系统会优先推送新品和独家活动；对低活跃客户，则发送复购提醒或定制折扣。品牌还利用NLP分析用户的评论和反馈，以快速调整运营策略。

（3）效果：AI驱动的个性化服务体系不仅提升了顾客满意度，还促进了消费频次和忠诚度的增长。此外，AI算法帮助品牌精准锁定了潜在的高价值客户，提高了营销资源的使用效率。

● **从案例中得到的经验与教训**

1. 数据整合的重要性

（1）关键发现：将线下数据上翻到线上渠道，能有效打通数据壁垒，使得品牌可以更全面地洞察用户行为，优化营销策略。

（2）教训：未能将线下数据与线上数据整合，可能会错失很多个性化营销的机会，尤其在用户行为愈发复杂多样的情况下，数据孤岛会导致资源浪费和运营效率低下。

（3）应用启示：通过线上线下数据整合，品牌可以更好地进行用户分析和精准营销，这对于有丰富线下数据积累的企业尤为关键。

2. 渠道打通的价值

（1）关键发现：通过打通核心销售渠道，品牌能够在多个平台上协同运营，以满足不同平台的用户偏好。

（2）教训：在渠道独立运营时，品牌在资源利用和用户增长方面可能会面临瓶颈。独立的渠道策略可能造成品牌调性和用户体验的不一致，影响整体营销效果。

（3）应用启示：对于多平台销售的品牌而言，打通渠道有助于实现一致的品牌形象和营销策略。通过数据共享和精准分层，品牌可以在不同平台制定有针对性的策略，实现协同效应。

3. AI 技术的应用

（1）关键发现：AI 技术的应用不仅能帮助品牌更精准地满足顾客需求，还能自动化、智能化地优化营销流程，显著提升顾客满意度和忠诚度。

（2）教训：未能充分利用 AI 分析顾客需求，品牌将难以深入理解用户，难以实施个性化营销，这会导致顾客流失、忠诚度低，品牌价值也难以充分实现。

（3）应用启示：AI 驱动的个性化服务在用户增长和复购提升中具有极高价值，尤其是在精准识别高价值客户、优化内容投放等方面，AI 能够实现人工无法完成的精细化操作。

● **总结**

该品牌通过数据上翻、渠道打通和 AI 驱动的消费者运营服务，成功实现了线上线下的整合运营，完成了数字化转型。通过这些策略，品牌不仅提升了线上渠道的用户规模，还优化了会员管理和营销效率。此案例对于其他正在经历数字化转型的品牌具有重要的借鉴意义，尤其是以下几点。

（1）数据整合与洞察：对于有丰富历史数据的品牌而言，线上线下的数据整合是实现一体化用户洞察的关键步骤，有助于构建完整的用户画像。

（2）渠道打通与协同运营：在多渠道营销环境中，打通核心销售渠道可提高品牌曝光率和用户体验的连贯性，进而带动销售业绩。

（3）AI 驱动的精细化运营：通过 AI 技术实现个性化推荐和客户关怀，不仅提升了用户体验，还优化了资源分配，能够帮助品牌获取更高的投资回报率。

通过案例分析显示，通过有效的策略与执行，品牌不仅在存量市场中站稳了脚跟，更为未来的创新发展铺平了道路。这些经验和教训为其他品牌提供了可复制的模式，也表明在营销转型中，数据驱动与 AI 赋能是提升用户价值和市场竞争力的核心因素。

第五部分
未来视野：AI 体验营销的趋势与战略布局

第九章：AI 体验营销的发展趋势

AI 体验营销正在通过前沿技术进步和营销理论创新推动品牌与消费者的互动升级，以下是其两个主要趋势。

● **技术发展的潜在影响**

1. 人工智能的进步

（1）理论支撑：AI 的核心技术（如自然语言处理、计算机视觉和深度学习）实现了个性化体验营销的新高度。这些技术可帮助品牌从大量数据中迅速洞察用户的行为和偏好，从而提高内容的相关性和实时性。

（2）案例：美妆品牌丝芙兰（Sephora）使用的 AI 驱动的虚拟试妆工具，该工具利用计算机视觉技术扫描用户的面部特征，提供实时的个性化化妆建议。用户不仅能直观地"试用"不同产品，还能看到个性化推荐的效果，从而提升了品牌参与感。

（3）效果：AI 的快速数据处理和决策能力大幅度缩短了用户的等待时间，使品牌可以根据用户反馈快速调整内容和策略，增强了互动的即时性和个性化。

2. 物联网（IoT）集成

（1）理论支撑：物联网集成将体验营销延伸到生活的多个方面，通过智能家居、可穿戴设备等实时收集用户数据。这不仅使品牌能够在消费习惯和偏好上更深入地理解用户，而且还能够帮助品牌在消费场景中实现无缝的服务体验。

（2）案例：耐克（Nike）利用智能运动设备（如 Nike Run Club App 和 Nike 智能跑鞋）采集用户的运动数据，分析出用户的锻炼习惯，并提供个性化运动建议和产品推荐。这种 IoT 集成帮助耐克精准地满足用户需求，增强了品牌忠诚度。

（3）效果：物联网帮助品牌实现了个性化推荐的更高精度，让用户获得"专属"体验，并通过动态数据优化进一步提升用户对品牌的依赖感和互动意愿。

3. 增强现实（AR）与虚拟现实（VR）

（1）理论支撑：AR和VR技术增强了用户的沉浸式体验，使用户能更直观地参与到品牌互动中。尤其在AI的支持下，AR和VR内容能够根据用户偏好进行动态调整，提升用户的沉浸感。

（2）案例：宜家（IKEA）推出的"宜家家居设计"应用允许用户通过AR功能，将家具"摆放"在家中虚拟查看效果。用户不仅能看到不同产品的摆放效果，还可以调整位置、颜色等，形成"身临其境"的购物体验。

（3）效果：AR和VR技术帮助宜家更好地满足了用户的场景需求，降低了用户决策成本，提高了产品满意度。

4. 生成式AI（Generative AI）全面升级

（1）趋势：生成式AI将在文案、图片、视频和音频内容生成中扮演更重要的角色。

（2）具体表现。

·更自然的文本生成：支持多语言和多语境内容创作。

·高质量的视觉生成：如DALL-E、Stable Diffusion生成高度逼真的广告图像。

·动态内容生成：根据用户行为实时调整营销内容。

·影响：品牌能更高效地生产个性化内容，减少创意成本。

5. 语音AI的深度应用

（1）趋势：语音识别和生成技术（如Alexa、Siri）将进一步推动语音营销。

（2）具体表现。

·消费者通过语音助手完成购买或搜索。

·品牌利用语音广告直接与消费者对话。

（3）影响：为消费者提供更便捷的互动方式，提高营销触达率。

6. 人工智能伦理与透明化

（1）趋势：随着AI在营销中的广泛应用，消费者对透明性和隐私的要求将逐步上升。

（2）具体表现。

·可解释性AI（Explainable AI）：向消费者解释算法决策的逻辑。

·数据隐私保护：品牌需遵守更严格的隐私法规，如GDPR。

（3）影响：增强消费者信任，减少数据滥用带来的负面影响。

● 营销理论的创新方向

1. 全周期用户关怀

（1）理论支撑：全周期用户关怀意味着品牌将用户关系视为一个持续的、全生命周期的过程，从最初的品牌认知到购买后的忠诚度建设。AI 体验营销可帮助品牌在每个环节中自动化地为用户提供最适合的内容和服务。

（2）案例：特斯拉（Tesla）通过 AI 驱动的售后支持系统管理用户从购买到使用的各阶段体验。特斯拉车辆配备了智能系统，可以实时检测车辆状态，并根据数据反馈主动提醒用户维护，甚至在必要时直接联系维修人员。

（3）效果：特斯拉的全周期用户关怀策略减少了用户的管理负担，提升了使用体验，为品牌增加了价值和信任度，使其不仅仅是产品提供者，更是用户的服务伙伴。

2. 跨渠道整合

（1）理论支撑：跨渠道整合旨在消除不同平台间的体验隔阂，确保用户在各种触点获得一致的品牌体验。AI 可以通过数据分析自动识别用户跨平台的行为模式，并协助内容优化，从而使跨渠道触达更具一致性。

（2）案例：星巴克（Starbucks）通过其 App 和社交媒体的深度整合实现了跨渠道体验统一。用户可在 App 中查看社交活动、定制咖啡、收集星星等，整个体验与线下门店和社交媒体无缝衔接。

（3）效果：星巴克的跨渠道整合策略不仅提升了用户的使用便利性，还增强了用户的品牌认同感，使用户在各平台上的互动都能感受到品牌的一致性。

3. 情感智能营销

（1）理论支撑：情感智能营销利用情绪分析技术捕捉用户的情感状态，通过识别表情、语气等情绪特征，品牌可在合适的时刻向用户推送更具情感共鸣的内容。情感智能营销能够帮助品牌更贴近用户的心理需求，增强了互动的个性化和人性化。

（2）案例：宝马（BMW）在其旗舰车型中集成了情绪检测系统，可以通过分析用户的面部表情和语音判断驾驶员的情绪状态，进而调节车内环境或建议播放音乐，帮助用户保持良好的驾驶体验。

（3）效果：情感智能营销提升了用户的驾驶安全感和愉悦感，使宝马的产品不仅满足了基本需求，更融入了人性化关怀，提升了品牌的情感价值。

4. 全链路个性化体验

（1）趋势：通过 AI 技术实现从认知、兴趣到购买的全链路个性化体验。

（2）具体表现。

·个性化推荐：基于用户偏好，提供定制化商品推荐。

·动态定价：根据市场供需和用户行为调整价格。

·影响：显著提升转化率和用户满意度。

5. 零接触购物的普及

（1）趋势：无接触购物体验成为消费者的主流需求。

（2）具体表现。

·无人店铺：消费者通过人脸识别或手机完成结账。

·AR 试用：用户在线试用化妆品、服装或家居用品。

（3）影响：增强线上购物的便利性，吸引更多用户转向数字渠道。

6. 实时互动营销

（1）趋势：实时互动成为提升消费者参与感的关键策略。

（2）具体表现。

·实时直播：通过 AI 技术生成实时内容，提高直播互动效果。

·互动广告：用户可以通过点击广告直接参与品牌活动。

（3）影响：增加品牌互动频率，提高消费者的参与意愿。

7. 跨平台协同和全域营销

（1）趋势：品牌在多个平台上实现协同运营，形成全域营销策略。

（2）具体表现。

·数据统一管理：实现不同平台的用户数据整合。

·跨平台互动：在社交媒体、电子商务和搜索引擎间无缝切换。

（3）影响：优化用户体验，提高营销效率。

8. AI 驱动的预测营销

（1）趋势：利用 AI 预测消费者行为和市场趋势，调整营销策略。

（2）具体表现。

·市场需求预测：提前备货并优化物流。

·消费者流失预警：针对可能流失的用户制订保留计划。

（3）影响：提高资源利用率，降低市场波动带来的风险。

● **AI 驱动的体验营销未来展望**

综合来看，AI 体验营销的未来趋势将进一步围绕精准化、情感化和一体化展开。

（1）更加精准的数据分析和情感识别：AI 的发展将带来更精细的用户画像，品牌可以更好地理解用户的个性化需求。同时，情感识别技术的进步将使品牌能更好地捕捉和回应用户的情绪，使营销活动更具人情味。

（2）更加无缝的跨渠道体验：AI 的自动化和整合能力将助力品牌在多平台提供一致性体验，从而实现"随时随地"都能感受到品牌关怀的效果。

（3）沉浸式与互动体验的创新：未来 AR 和 VR 技术的发展将进一步与 AI 结合，打造出更多个性化、沉浸式的体验，帮助品牌拉近与用户的关系。

这些趋势和案例展现了 AI 体验营销的巨大潜力——它不仅实现了品牌互动的自动化和智能化，更通过情感化与沉浸式体验打造了与用户之间更深层次的联系，为品牌未来的市场竞争注入了持久的增长动力。

第十章：面向未来的战略规划

企业在面向未来时，可以通过多维度的战略规划，积极应对技术发展和市场变化带来的挑战，并构建具有持续创新力的营销体系。

1. 整合 AI 技术

企业可以将 AI 全面整合到营销流程中，实现从数据分析到用户洞察的深度优化。例如，零售品牌耐克（Nike）采用 AI 数据分析来了解消费者的行为偏好，个性化地推荐产品，从而显著提高用户留存和转化率。此外，利用生成式 AI（AIGC）进行内容创作和用户行为预测，可以为营销活动提供更精准的决策支持，确保活动的高效性和相关性。

2. 培养新型营销人才

未来的营销人才需要具备技术理解力和创意思维，能够将 AI 技术应用于实际策略。例如，可口可乐（Coca-Cola）已在内部培养"AI 赋能营销人才"，让员工具备数据分析、自动化工具应用和人机协作的能力，从而在营销活动中更好地使用 AI 工具。例如，可口可乐通过数据驱动的内容个性化，增强了品牌在年轻消费群体中的吸引力。

3. 重塑营销全流程

在 AI 技术的引入推动了营销全流程的重塑，使企业能够实现更高的 ROI（投资回报率）。以京东为例，它通过 AI 赋能其市场调研和用户画像建设，使得营销链条中的每个环节都得到了优化。通过 AI 驱动的用户行为分析，京东实现了从用户洞察到产品推荐的智能化闭环，提高了整体营销的有效性。

4. 创新营销内容和形式

在 AI 赋能下，企业可以快速生成个性化、多样化的内容。例如，美妆品牌兰蔻（Lancome）借助生成式 AI 生成产品海报和社交媒体短视频，快速响应消费者需求，降低了创意生产成本，并保证了内容的高质量和多样性。AI 生成的数字人偶尔也会出现在品牌广告中，增强了用户的视觉体验和品牌互动感。

5. 构建体验营销服务体系

通过 AI 在消费者旅程的不同阶段的落地，企业可以打造全链路的体验营销服务体系。火山引擎的"AI 体验营销解决方案"帮助品牌从触客、获客到活客的各个环节提升用户体验。例如，火山引擎为各品牌构建了从内容生成到精准推送的服务体系，通过定制化互动提升转化效率。

6. 关注 AIGC 产业

生成式 AI 在内容创作、情感分析等领域的突破，打开了营销新局面。企业可通过 AIGC 创造图像、视频等创意内容，为品牌传播提供强大的创意工具。例如，服装品牌 Gucci 通过 AIGC 技术快速生成产品宣传图并自动优化广告文案，以适应不同地区的市场需求，从而降低了营销成本。

7. 总结

未来的营销环境充满变数，企业需通过整合 AI 技术、培养新型人才、重塑全流程、创新内容形式、构建体验体系和关注 AIGC 产业等方式，保持企业的竞争力。

第十一章：AI 体验营销的关键议题

1. 如何在体验经济时代创造独特且难忘的消费体验

（1）理解消费者需求。

·需求分析：利用 AI 技术和数据分析，深入理解消费者的独特需求和偏好。

·个性化服务：根据需求分析结果，提供量身定制的服务，确保精准满足消费者的需求。

（2）提供沉浸式体验。

·体验设计：将商品和服务转化为体验，通过互动和参与让消费者感受到深度的沉浸感。

·感官刺激：通过视觉、听觉、触觉等多种感官体验，创造令人难忘的体验场景。

（3）情感连接。

·情感体验：设计能够触动消费者情感的体验，使其在体验过程中产生共鸣。

·建立关系：通过持续的互动和反馈，与消费者建立长期的情感连接。

（4）超越期望。

·惊喜元素：在服务过程中加入意想不到的惊喜元素，超越消费者的期望。

·难忘体验：通过独特和创新的方式，将普通的服务转化为难忘的体验。

（5）内容为王。

·高质量内容：通过高质量的内容，激发消费者的兴趣和参与感。

·持续创新：不断更新和优化内容，保持消费者的关注度和新鲜感。

（6）互动与参与。

·互动设计：设计互动性强的体验环节，让消费者积极参与其中。

·反馈机制：建立有效的反馈机制，及时了解消费者的体验感受，并进行改进。

（7）教育与娱乐相结合。

·教育体验：通过互动和参与，让消费者在体验过程中学习新知识。

·娱乐体验：提供愉悦和放松的体验，满足消费者的娱乐需求。

（8）真实性与审美。

·真实性：确保体验的真实性和可信度，赢得消费者的信任。

·审美体验：通过美学设计，提升消费者的审美体验，触动其心灵。

通过以上方法，企业可以在体验经济时代创造独特且难忘的消费体验，满足消费者对个性化体验的渴望。

2. 生成式 AI 在营销领域的应用优势

（1）效率提升：生成式 AI 可以自动生成广告文案、海报、视频等内容，大幅缩短内容创作的时间，提升营销效率。

（2）个性化营销：通过分析用户数据和偏好，生成式 AI 可以为每个用户定制个性化的广告内容，提高广告的相关性和吸引力。

（3）成本降低：使用生成式 AI 可以减少对人力资源的依赖，降低创意和运营成本，同时提升内容生产的规模和速度。

（4）实时优化：生成式 AI 可以根据实时数据和用户反馈，动态调整广告内容和投放策略，实现营销活动的实时优化。

（5）数据分析和预测：生成式 AI 可以分析大量市场数据，预测市场趋势和用户行为，帮助营销人员制定更有效的营销策略。

（6）多渠道整合：AI 驱动的多渠道整合能够实现个性化用户体验、自动化流程、实时优化、预测分析、增强客户互动和有效风险管理，从而提升营销的整体效果和客户满意度。

（7）补充个人角色：生成式 AI 允许营销人员集中精力在更具战略性的活动和目标上，补充传统营销手段的不足。

（8）创意提升：尽管 AI 可以处理大量数据和执行复杂任务，但其创意仍然是营销中不可或缺的元素。营销人才可以通过与 AI 的合作，结合 AI 提供的数据和分析，创造出更具吸引力的营销内容。

通过这些优势，生成式 AI 为营销领域带来了新的机遇，推动了营销行业的数字化转型和创新发展。

3. 营销数字化转型对企业运营的深远影响

（1）提升营销效率：通过数字化手段，企业可以更精准地捕捉用户需求，并进行个性化推荐和精准营销触达。这不仅提高了广告的转化率，还降低了营销成本。

（2）增强用户体验：借助 AI 技术，企业能够提供更具创意和互动性的内容，满足用户日益增长的个性化需求，从而提升用户满意度和忠诚度。

（3）优化运营流程：数字化转型推动了多渠道整合，创造了无缝的用户体验，并实现了实时的客户互动和持续的个性化服务，这有助于企业建立竞争优势。

（4）数据驱动决策：通过采集和分析多源数据，企业可以获得更深入的用户洞察，制定更有效的营销策略。数据驱动的决策过程更加科学和高效。

（5）降本增效：生成式 AI 技术可以显著提高内容生产速度，降低成本，并提升内容质量和新颖性，这使得企业能够在竞争激烈的市场中更具竞争力。

（6）构建全方位服务体系：数字化转型能够帮助企业构建从触客、获客到活客的全方位消费者体验营销服务体系，实现全链路的消费者体验优化。

总之，营销数字化转型不仅提升了企业的营销效率和用户体验，还优化了运营流程和决策过程，为企业带来了显著的竞争优势和价值收益。

4. AI 营销在未来的发展趋势

（1）市场规模持续扩大：生成式 AI 作为 AI 体验营销行业的"新引擎"，正在推动行业快速增长。根据统计数据，中国广告营销市场规模在 2022 年已达 10403.5 亿元，预计生成式 AI 在广告营销的市场规模将从 2023 年的 50 亿元增长至 2030 年的 1500 亿元。

（2）技术持续发展与应用深化：人工智能在营销领域的应用正逐步深化，从基础工具和辅助性角色，逐渐发展为自动化营销团队。未来，AI 驱动的、能够独立运作的营销团队将成为可能。

（3）营销理论的创新：AI 大模型元年的到来标志着营销领域新时代的开启，它不仅为营销领域带来了新的工具和方法，也为营销理论的发展提供了新的视野和思考。

（4）营销数字化及生成式 AI 的快速发展：营销数字化和生成式 AI 的快速发展正在重塑营销行业，创新人机交互的营销模式。大量的经验以数据形式被存储和可量化，且个性化的服务体验存在很大的价值收益，为生成式 AI 技术在营销行业的落地提供了条件。

（5）人机协作的需求增加：未来的营销人才需要具备技术理解力、人机协作能力以及创意思维。即使在 AI 的帮助下，创意仍然是营销中不可或缺的元素。营销人员需要结合 AI 提供的数据和分析，创造出吸引人的营销内容。

综上所述，AI 营销在未来将继续快速发展，市场规模不断扩大，技术应用不断深化，营销理论不断创新。营销数字化和生成式 AI 的快速发展将进一步推动行业变革，人机协作将成为新的需求。

5. 理性与感性购买行为在现代消费中的比例

在现代消费中，理性与感性购买行为的比例因消费者个体差异、产品类型以及市场环境等因素而有所不同。

（1）理性购买行为：这种行为主要基于对产品实用性、品质、价格、品牌声誉等方面的考量。消费者在购买决策过程中会进行充分的信息收集、评估比较，最终做出最优选择。这类购买行为通常涉及高价值、耐用品或需要长期使用的商品。

（2）感性购买行为：这种行为更多受到情感、审美价值、包装外观、品牌形象等因素的影响。消费者可能会因为情感体验、时尚潮流或社交需求而做出购买决策。这类购买行为常见于快速消费品、时尚品和体验类产品。

（3）冲动性消费和体验式消费：在体验经济下，冲动性消费和体验式消费成为新趋势。"Z 世代"作为新一代消费者的主力人群，对体验式消费和冲动性消费有强烈偏好。据 Fastdata 极数发布的《全球 Z 世代消费洞察报告 2024》指出，超四分之一的"Z 世代""宁愿把钱花在体验上，而不是产品上"。

（4）营销理论的发展：传统营销理论（如 4P、4C、4R）主要关注理性购买行为，而体验营销理论则更关注感性购买行为。体验营销认为，消费者的行为不仅受理性分析的影响，同时也被感性因素所驱动。消费者追求的不仅仅是商品本身，更是一种幻想、感觉和乐趣的体验。

综上所述，理性与感性购买行为在现代消费中的比例并非固定不变，而是根据不同消费者和产品类型而有所变化。体验经济和新兴营销理论的发展表明，感性购买行为的重要性正在提升，尤其是在年轻消费者群体中。

6. "Z 世代"消费者消费偏好的特点

（1）体验式消费："Z 世代"更倾向于将钱花在体验上，而不是产品上。他们追求即时的沉浸感和心理满足，这种体验虽然短暂，但影响力持久。

（2）冲动性消费："Z 世代"容易受到情感和社交因素的影响，经常出现冲动购物的行为。他们会定期给自己买些小奖励，喜欢逛商店，即使他们不需要购买任何东西。

（3）情感联系："Z 世代"消费者能够在情感层面与品牌产生共鸣，这增强了他们对品牌的归属感和忠诚度。

（4）个性化与定制化：他们追求个性化的体验和定制化的产品，强调差异化和个性化。

（5）技术驱动："Z 世代"善于利用科技工具进行购物。AI 驱动的个性化推荐、沉浸式体验和智能客服互动等技术应用深受他们的喜爱。

（6）注重价值观："Z 世代"消费者关注品牌的社会责任感和环保意识，愿意为符合自己价值观的品牌支付溢价。

（7）社交媒体影响：社交媒体对"Z 世代"的消费行为有显著影响。他们在社媒平台上获取信息、分享体验，并受到 KOL（关键意见领袖）的推荐影响。

（8）便捷性："Z 世代"愿意为节省时间花钱，追求一键购买和实时响应的服务，简化购买流程。

这些特点表明，"Z 世代"消费者的购买行为更加注重体验、情感和社会责任，而非单纯的产品功能和价格。

7. 在存量竞争市场中，企业进行有效的营销创新的方式

在存量竞争市场中，企业进行有效的营销创新可以通过以下几个方面。

（1）个性化营销：利用人工智能技术，从一对多的营销模式转变为一对一的超个性化活动，根据受众的特定数据和偏好定制广告。

（2）全渠道触达：通过社交媒体、搜索引擎、新闻网站等多渠道策略，实现对目标用户的全面触达，确保用户在各个平台上都能接触到品牌信息。

（3）内容创新：采用创新的内容生产技术，如 AIGC（人工智能生成内容），构建富有创意的互动方式，提供有感染力的内容及互动体验。

（4）智能化广告投放：运用智能竞价、智能投放等技术，实现个性化的广告定制，确保广告能够精准触达目标用户群体。

（5）多渠道整合：推动多渠道整合，创造无缝的用户体验，确保用户在不同渠道上获得一致的品牌体验。

（6）实时客户互动：实现实时的客户互动，提供持续的个性化服务，增强品牌与消费者之间的深层联系。

（7）数据驱动决策：利用数据分析和人工智能技术，对用户行为进行深入分析，制定更有效的营销策略。

（8）全生命周期用户关怀：关注用户全生命周期，通过全渠道触达、个性化推荐等活动，在不同阶段提供不同的用户体验，深化个性化体验，建立持久互动。

通过这些方法，企业可以在存量竞争市场中有效进行营销创新，提升品牌竞争力，增强用户忠诚度。

营销创新的主要驱动力是人工智能（AI）技术的应用。AI 技术通过赋能营销全链路，推动营销全流程的帕累托最优，提高营销 ROI。具体来说，AI 在营销中的应用包括策略洞察、内容生产、广告投放、渠道运营和客户服务等方面。例如，

AI 可以用于市场和行业调研、品牌和产品分析、竞品分析、用户行为分析以及用户画像的构建。此外，AI 还能生成营销文案、海报、图像、视频以及数字人，并且可以优化内容、定向用户、整合多渠道资源，从而使营销效果最大化。AI 数字人在企业直播、虚拟偶像代言、数字分身和与历史人物虚拟对话等场景中的应用，也成了提升服务效率、优化用户体验和推动营销创新的重要手段。

8. 利用 AI 提升营销内容的质量和多样性

（1）个性化营销：AI 可以根据受众的特定数据和偏好定制广告，实现从一对多到一对一的超个性化活动。这种方式不仅能提高了广告的相关性，还能增加用户的满意度和参与度。

（2）内容迭代和优化：AI 可以执行端到端的任务执行，包括 A/B 测试、广告优化、归因跟踪等，通过不断迭代和优化内容，提升营销效果。

（3）集成性能数据：AI 可以与点击率等性能数据和内容创作工具集成，试验新内容变体以提升效果。这种数据驱动的方法可以帮助营销人员更好地理解哪些内容在特定受众中表现最好。

（4）自主管理：AI 可以根据营销团队设定的目标和预算自主管理营销活动，释放人力资源，使营销人员集中精力于更具战略性的活动和目标。

（5）全面自动化：AI 可以完全承担重复性和标准化的任务，如内容生成、多渠道同步分发等，提高效率和准确性。

（6）创新内容生产技术：AI 可以采用创新的内容生产技术，如生成式 AI，提升内容生产效率，满足内容消费者需求。例如，AI 可以生成多样化的内容形式，包括文本、图像、视频等，以适应不同平台和受众的需求。

（7）多渠道整合：AI 驱动的多渠道整合能够实现个性化用户体验、自动化流程、实时优化、预测分析、增强客户互动和有效风险管理，从而提升营销的整体效果和客户满意度。

（8）用户行为分析和市场趋势预测：AI 可以分析用户行为和市场趋势，帮助营销人员更好地理解用户需求和市场动态，从而制定更有效的营销策略。

通过以上方法，AI 可以在提升营销内容质量和多样性方面发挥重要作用，帮助企业更有效地吸引和留住客户。

9. 体验经济时代，企业应对消费者需求变化的策略

（1）理解消费者行为：体验经济下，消费者行为呈现出理性和感性的双重维度。企业需要深入理解消费者的理性购买行为和感性购买行为，以及冲动性消费和体验式消费的新趋势。

（2）提供个性化体验：企业应通过高质量的内容和创新的营销策略，激发和创造新的体验方式。例如，利用 AI 技术进行个性化推荐，提供沉浸式体验，满足消费者对个性化体验的渴望。

（3）建立学习关系：企业应与顾客建立持久的学习关系，通过互动和沟通机制，持续了解和满足消费者的需求。这有助于确保消费者的忠诚度，并紧跟技术发展的步伐，不断利用新技术增强竞争力。

（4）超越客户期望：企业不仅要满足客户的期望，还需要超越客户的期望，采用使人惊喜的方式提供服务。通过量身定制的服务和体验丰富化的产品，使顾客产生惊喜，从而增强顾客满意度和忠诚度。

（5）关注"Z 世代"消费者：作为新一代消费者的主力人群，"Z 世代"对体验式消费和冲动性消费有强烈偏好。企业应特别关注这一群体的需求和偏好，提供符合他们期待的产品和服务。

通过以上措施，企业可以在体验经济时代有效应对消费者需求的变化，提升市场竞争力和顾客满意度。

10. 对体验经济中消费者中心地位的理解

（1）消费者需求的个性化和体验化：体验经济强调满足消费者对个性化体验的渴望，不仅仅是满足其基本的功能需求，而是要提供深度的沉浸感和互动性，让消费者参与到体验中，创造值得回忆的活动。

（2）消费者参与和互动：在体验经济中，消费者不仅仅是被动的接受者，而是主动的参与者。企业需要通过各种方式让消费者参与到产品和服务的创造过程中，增强消费者的参与感和互动性。

（3）情感连接和忠诚度：体验经济强调通过创造深刻的情感体验，触动消费者的情感，实现更深层次的连接和忠诚度，使消费者不仅能够深刻感知品牌价值与文化，更在情感层面与品牌产生共鸣，增强对品牌的归属感和忠诚度。

（4）超越期望的惊喜体验：企业不仅要满足客户的期望，还需要超越客户的期望，采用使人惊喜的方式把一般的服务转化为难忘的体验。通过提供独特和难忘的体验，使企业在竞争激烈的市场中可以形成独特的卖点。

（5）以消费者为中心的营销策略：在体验经济中，营销策略需要超越单纯的交易，通过创造深刻的体验来触动消费者的情感，实现更深层次的连接和忠诚度。企业需要深入考虑消费者在购买决策中的理性层面和感性层面，提供符合消费者需求和期望的产品和服务。

综上所述，体验经济中的消费者中心地位体现在满足消费者对个性化体验的渴望，增强消费者参与和互动，建立情感连接和忠诚度，以及超越期望的惊喜体验等方面。企业需要通过以消费者为中心的营销策略，提供符合消费者需求和期望的产品和服务，创造独特的体验，以便在竞争激烈的市场中获得优势。

11. 营销数字化对广告主的具体影响

（1）提升营销效率：通过动态数据挖掘和实时用户交互，广告主能够实现个性化推荐和精准营销触达。这不仅提高了广告的转化率，还降低了营销成本。

（2）增强用户体验：利用 AI 技术，广告主可以为用户提供更加个性化和无缝的体验。例如，智能化广告投放能够实现个性化的广告定制，推动多渠道整合，创造无缝的用户体验。

（3）深化品牌与用户的情感联系：通过 AI 激发体验要素，广告主能够利用沉浸式体验与消费者建立情感联系，增强用户对品牌的归属感和忠诚度。

（4）创新营销模式：随着技术的不断进步，AI 数字人正在成为提升服务效率、优化用户体验和推动营销创新的重要工具。例如，京东推出的 AI 数字人"东哥"在直播间担任主播，分享生活经验并带来福利。

（5）提高内容质量和多样性：生成式 AI 可以像人一样思考，拥有创造力，它在文本、图像和视频理解方面的进步为营销领域带来了新机遇。通过 AIGC（人工智能生成内容），广告主可以产出更多高质量和多样性的内容。

（6）降低成本：通过营销数字化，广告主可以降低创意成本、运营成本和素材成本，同时提升内容生产速度，实现降本增效。

（7）构建消费者体验营销服务体系：这些创新技术和应用在营销场景的落地，能够全方位提升创作、互动和转化的效率，构建从触客、获客到活客的消费者体验营销服务体系，从而实现全链路的消费者体验优化。

总之，营销数字化对广告主的影响是全方位的，它不仅提升了营销效率和用户体验，还创新了营销模式，降低了成本，最终帮助广告主在竞争激烈的市场中获得更大的竞争优势。

附录

附录一　AI 工具指令

角色设定指令

1. 企业家

·角色 / Role: 我是一位企业家,目前正在发展一家创新技术初创公司。

I am an entrepreneur currently developing an innovative technology startup.

·挑战 / Challenges: 正在建立强大的团队并为下一阶段融资。

Building a strong team and securing the next round of funding.

·话题兴趣 / Interests: 创业、创新和技术趋势。

Entrepreneurship, innovation, and technology trends.

·价值观和原则 / Values: 重视创新思维和决心;将挑战转变为机会。

Value innovative thinking and determination; turning challenges into opportunities.

·学习方式 / Learning Style: 通过解决问题和接受挑战学习。

Learn best by solving problems and tackling challenges.

·目标 / Goals: 短期目标是成功启动第一个产品;长期目标是创建领先科技公司。

Short-term: Launch the first product successfully; Long-term: Build a leading tech company.

·偏好 / Preferences: 喜欢使用 Slack、Trello 和 Zoom 等工具。

Prefer using Slack, Trello, and Zoom for daily tasks.

·回复格式 / Response Format: 提供直接、简明、面向行动的回复。

Provide direct, concise, and action-oriented responses.

·语气 / Tone: 专业而友好。

Professional and friendly.

·详细程度 / Detail: 简明扼要,但全面。

Concise yet comprehensive.

·建议 / Suggestions: 提供创业挑战和市场趋势建议。

Suggestions for overcoming entrepreneurial challenges and market trends.

2. 项目经理

·角色 / Role: 我是一名项目经理,目前负责多个软件开发项目。

I am a project manager overseeing multiple software development projects.

· 挑战 / Challenges: 确保项目按时交付，管理多元化团队。

Ensuring on-time delivery while managing a diverse team.

· 话题兴趣 / Interests: 项目管理方法、团队领导和技术趋势。

Project management methodologies, team leadership, and tech trends.

· 目标 / Goals: 成功按期交付项目；承担更复杂项目。

Deliver ongoing projects on time; take on larger, more complex projects.

· 回复格式 / Response Format: 清晰、简洁、结构化。

Clear, concise, and structured.

· 语气 / Tone: 专业但友好。

Professional yet approachable.

· 建议 / Suggestions: 提供高效管理项目的方法和工具。

Methods and tools for effective project management.

3. 小企业主

· 角色 / Role: 我是一位小企业主，经营一家当地面包店。

I am a small business owner running a local bakery.

· 挑战 / Challenges: 增加客户群，优化运营成本。

Expanding customer base and managing operational costs.

· 话题兴趣 / Interests: 食品创业、本地商业发展和财务管理。

Food entrepreneurship, local business growth, and financial management.

· 回复格式 / Response Format: 清晰、实用、简洁的建议。

Clear, practical, and concise advice.

· 语气 / Tone: 友好和支持。

Friendly and supportive.

· 建议 / Suggestions: 提出吸引客户和经营小企业的想法。

Ideas for attracting customers and running a successful business.

4. 供应链经理

· 角色 / Role: 我是一名供应链经理，管理采购、物流和库存。

I am a supply chain manager handling procurement, logistics, and inventory.

· 挑战 / Challenges: 降低交货时间，不增加成本。

Reducing delivery times without increasing costs.

· 回复格式 / Response Format: 提供结构化和简明的建议。

Provide structured and concise advice.

• 语气 / Tone: 专业和权威。

Professional and authoritative.

• 建议 / Suggestions: 优化物流、提升效率的策略。

Strategies for optimizing logistics and boosting efficiency.

5. 合规专员

• 角色 / Role: 我是一名合规专员，确保公司符合法规和标准。

I am a compliance officer ensuring regulatory adherence.

• 挑战 / Challenges: 适应快速变化的法规，并应用到公司日常运作。

Adapting to rapidly changing regulations and applying them to operations.

• 回复格式 / Response Format: 提供包含实际案例和法规解读的回答。

Provide responses with case studies and regulation analysis.

• 语气 / Tone: 严谨和客观。

Rigorous and objective.

6. 商业分析师

• 角色 / Role: 我是一位商业分析师，优化业务流程和系统。

I am a business analyst specializing in process and system optimization.

• 回复格式 / Response Format: 提供逻辑性和结构化的回复。

Provide logical and structured responses.

• 建议 / Suggestions: 提供分析金融数据和优化流程的建议。

Suggestions for analyzing financial data and optimizing processes.

7. 运营经理

• 角色 / Role: 我是运营经理，负责生产和流程优化。

I am an operations manager overseeing production and process optimization.

• 回复格式 / Response Format: 提供清晰且结构化的回复。

Provide clear and structured responses.

• 建议 / Suggestions: 提出提高效率和降低停工时间的建议。

Suggestions for improving efficiency and reducing downtime.

场景指令

1. 拆解任务与行动计划指令

（1）指令模板。

"我正在回避【任务】。将其分解为3~5个可执行的小步骤，并建议一个简单的方法来开始第一步。"

"I am avoiding [task]. Break it down into 3–5 actionable steps and suggest a simple way to start the first step."

（2）适用场景。

· 面对复杂任务感到无从下手。

Struggling to start a complex task.

· 希望将大任务拆解为更具体的小任务。

Want to break down a large task into smaller, actionable parts.

（3）效果。

· 明确任务步骤，降低心理阻力。

Clarifies task steps and reduces psychological resistance.

· 提供简单起点，便于马上行动。

Provides a simple starting point for immediate action.

2. 动力优先法指令

（1）指令模板。

"这是我的待办事项清单：【任务列表】。我应该先处理哪个任务来建立动力，为什么？"

"This is my to-do list: [task list]. Which task should I handle first to build momentum and why？"

（2）适用场景。

· 待办事项过多，不知道从何开始。

Overwhelmed with too many to-do items.

· 需要找到一个简单且有效的任务来启动。

Need to identify a simple and effective task to start with.

（3）效果。

· 建立滚雪球效应，从小任务开始积累信心。

Builds momentum by starting with small, manageable tasks.

· 帮助克服最初的拖延感。

Helps overcome initial procrastination.

3. 游戏化任务指令

（1）指令模板。

"通过创建挑战、评分系统和完成奖励将【任务】游戏化。将任务变成游戏会让我更有动力。"

"Gamify [task] by creating challenges, a scoring system, and completion rewards. Turning the task into a game will make it more engaging and motivating."

（2）适用场景。

·对任务缺乏兴趣或内在动力。

Lack of interest or intrinsic motivation for the task.

·需要通过外部激励增加吸引力。

Require external incentives to make the task appealing.

（3）效果。

·将任务转变为更具吸引力的挑战。

Turns the task into a more engaging challenge.

·提升完成任务的趣味性。

Increases the fun of task completion.

4. 激励与后果指令

（1）指令模板。

"给我打气：为什么完成【任务】是值得的，如果我一直拖延会有什么后果？"

"Motivate me: Why is completing [task] worthwhile, and what are the consequences of delaying it？"

（2）适用场景。

·情绪低落，无法启动任务。

Feeling low and unable to start the task.

·需要清楚看到任务完成的好处和拖延的负面影响。

Need to understand the benefits of completing the task and the downsides of procrastination.

（3）效果。

·提供完成任务的正面激励。

Offers positive motivation for task completion.

·增强对任务重要性的认知。

Strengthens awareness of the task's importance.

5. 根本原因与解决指令

（1）指令模板。

"我总是拖延【任务】。这可能是什么原因造成的？我现在该如何克服？"

"I always procrastinate on [task]. What might be causing this, and how can I overcome it？"

（2）适用场景。

· 经常拖延某类任务但不清楚原因。

Frequently procrastinate on certain tasks without understanding why.

· 希望找到解决拖延的具体方法。

Want to find specific ways to address procrastination.

（3）效果。

· 理解拖延背后的心理或环境原因。

Understands the psychological or environmental causes of procrastination.

· 提供具体的改善建议。

Provides actionable improvement suggestions.

6. 环境调整指令

（1）指令模板。

"我发现自己在处理【任务】时容易分心。请帮我识别工作环境中的干扰因素，并提出改善计划。"

"I find myself easily distracted while working on [task]. Please help me identify distractions in my work environment and suggest a plan to improve it."

（2）适用场景。

· 工作环境中有多重干扰。

Multiple distractions in the work environment.

· 希望通过优化环境提高专注度。

Aims to enhance focus by optimizing the environment.

（3）效果。

· 创建一个支持专注工作的环境。

Creates a distraction-free work environment.

· 减少外部干扰。

Reduces external distractions.

7. 时间管理指令

（1）指令模板。

"我经常感到时间不够用，这导致我推迟【任务】。请帮我制订一个时间管理计划，包括具体的开始和结束时间。"

"I often feel short on time, which causes me to postpone [task]. Please help me create a time management plan, including specific start and end times."

（2）适用场景。

· 时间管理混乱，任务容易被推迟。

Disorganized time management leading to task delays.

· 希望建立清晰的时间框架。

Seeks a clear time framework for tasks.

（3）效果。

· 制订可行的时间计划。

Develops a practical time plan.

· 预留专注时间，提高任务完成率。

Allocates focused time to improve task completion.

8. 优先级排序指令

（1）指令模板。

"我的待办事项清单上有很多任务，但我不知道从哪里开始。请帮我根据重要性和紧迫性排序，并建议优先方法。"

"I have a long to-do list but don't know where to start. Please help me prioritize tasks based on importance and urgency, and suggest a method for handling the top priority."

（2）适用场景。

· 待办事项堆积，感到焦虑。

Overwhelmed by a long list of tasks.

· 希望明确任务优先顺序。

Wants to clarify task prioritization.

（3）效果。

· 通过紧急重要性矩阵筛选关键任务。

Filters key tasks using the Eisenhower Matrix.

· 明确优先顺序，降低决策负担。

Clarifies priorities, reducing decision fatigue.

9. 自我反思指令

（1）指令模板。

"我在开始【任务】时感到焦虑和压力。请帮我探索这些感受背后的原因，并提供一个反思框架。"

"I feel anxious and stressed when starting [task]. Help me explore the reasons behind these feelings and provide a reflection framework."

（2）适用场景。

·开始任务时情绪阻力较大。

High emotional resistance when starting tasks.

·希望通过自我反思找到应对方法。

Wants to use self-reflection to address emotional resistance.

（3）效果。

·了解情绪来源。

Understands emotional triggers.

·提供有效的情绪管理策略。

Offers effective emotional management strategies.

多模型与规则的实战技巧

下面整理了一系列高效指令，结合多种框架和模型，帮助用户在不同场景中使用ChatGPT快速生成内容、解决问题、优化策略，并从中获得实用建议。

1. 用"5-3-2规则"定制月度宣传规划

提示：针对我的【具体产品/服务名称】在【特定的社交媒体平台，如微信、微博、抖音等】上定位【明确描述的目标受众，如年轻女性、科技爱好者等】，我需要你根据"5-3-2"规则（5次原创内容，3次分享或转发相关内容，2次与粉丝互动）来制订接下来1个月的详细社交媒体内容发布计划，包括内容主题、发布时间、预期效果等。

Prompt: For my [specific product/service name] targeting [clearly defined target audience, e.g., young women, tech enthusiasts, etc.] on [specific social media platform, e.g., WeChat, Weibo, Douyin, etc.], I need you to create a detailed 1-month social media content plan using the "5-3-2 Rule" (5 original posts, 3 shares/retweets of relevant content, 2 interactions with followers), including content themes, posting times, and expected outcomes.

2. 通过爆款评论，反向推导爆款选题

提示：请收集并分析以下【具体社交媒体或平台上的】20条【有趣、具有权威性、经过深思熟虑的】用户评论，基于这些评论的内容和反馈，为我提供20个可能成为爆款的选题思路，每个选题都应紧密围绕评论中的热点话题或用户需求。

Prompt: Please collect and analyze 20 [interesting, authoritative, thoughtful] user comments from [specific social media or platform], and based on their content and feedback, provide me with 20 potential blockbuster topic ideas for content creation. Each topic should closely relate to the hot topics or user needs discussed in the comments.

3. 用 "5C 框架" 优化落地页

提示：请使用 "5C 框架"（清晰度、一致性、说服力、简洁性、号召力）来全面评估并提出改进建议，以优化我的落地页。具体包括但不限于页面布局、文案撰写、视觉元素、加载速度以及转化路径等方面。

Prompt: Please use "the 5Cs framework" (Clarity, Consistency, Convincing, Conciseness, Call-to-Action) to thoroughly evaluate and suggest improvements for optimizing my landing page. This should include, but is not limited to, aspects such as page layout, copywriting, visual elements, loading speed, and conversion paths.

4. 用 "VISUAL 框架" 设计信息图表

提示：请遵循 "VISUAL 框架"（Visual- 视觉吸引、Information- 信息传达、Simple- 简洁明了、Unexpected- 出乎意料、Concrete- 具体实例、Emotional- 情感共鸣、Actionable- 可操作）的创建指南，为我的【具体产品 / 服务】设计一份既美观又富有信息量的信息图表，确保图表能够吸引目标受众的注意并有效传达产品价值。

Prompt：Please follow "the VISUAL framework" (Visual, Information, Simple, Unexpected, Concrete, Emotional, Actionable) to create a guideline for designing an aesthetically pleasing and informative infographic for my [specific product / service]. Ensure that the infographic captures the attention of the target audience and effectively communicates the product's value.

5. 筛选最优推广平台

提示：请对比公众号、抖音、小红书、知乎、视频号这五大社交媒体平台的用户特征、内容形式、推广机制等，结合我的【具体产品】分析各平台的推广优势和劣势，并推荐最适合的推广平台组合。

Prompt: Please compare the user demographics, content formats, promotion mechanisms, etc., of the five major social media platforms: official accounts, Douyin, Xiaohongshu, Zhihu, and video accounts. Based on the characteristics of my [specific product], analyze and evaluate the potential advantages and disadvantages of promoting, attracting traffic, and monetizing on each platform. Finally, recommend the most suitable combination of promotion platforms for our product.

6. 用"ABT 框架"创作短视频脚本

提示：我需要使用"ABT 框架"（Attention, Behavior, Thought）为我的【产品 / 服务】编写一个短视频脚本，围绕以下【主题】。这个脚本应该能够吸引观众的注意力，激发他们的行为，并引导他们的思想。

Prompt: I need to use "the ABT framework"（Attention, Behavior, Thought）to write a short video script for my [product / service] around the following [topic]. This script should capture the audience's attention, inspire their actions, and guide their thoughts.

7. 用"英雄之旅框架"创建品牌故事

提示：请帮助我使用"英雄之旅框架"（The Hero's Journey）为我的【产品 / 服务】创建一个引人入胜的品牌故事，这个故事应该能够与消费者产生共鸣，并强化品牌形象。

Prompt: Please help me create a compelling brand story for my [product/service] using "the Hero's Journey framework". This story should resonate with consumers and strengthen the brand image.

8. 用"Hooked 模型"打造令人上瘾的营销活动

提示：我需要使用 Nir Eyal 的"Hooked 模型"（Trigger, Action, Reward, Investment）为我们的【产品 / 服务】制订一个详细的营销活动计划，以创建一个持续的、自我强化的用户参与循环。

Prompt: I need to use Nir Eyal's "Hooked Model"（Trigger, Action, Reward, Investment）to craft a detailed marketing campaign plan for our [product / service] to create a continuous, self-reinforcing cycle of user engagement.

9. "从零到一"提供 SEO 策略

提示：作为一个 SEO 新手，我需要一个分步指南来从零开始优化我的网站针对【目标关键词】的 SEO，包括关键词研究、内容优化、技术 SEO 和链接建设等方面。

Prompt: As an SEO novice, I need a step-by-step guide to optimize my website for [target keyword] SEO from scratch, including keyword research, content optimization, technical SEO, and link building.

10. 用"倒金字塔"模型创建大纲

提示：请使用"倒金字塔"模型（Inverted Pyramid Model）为【插入主题】的自媒体文章编写一个结构清晰的大纲，确保信息的层次分明，重点突出。

Prompt: Please use "the Inverted Pyramid Model" to write a clear outline for [insert topic]'s self-media article, ensuring that the information is well-structured and the key points are highlighted.

11. 总结

以上方法为用户提供了一套系统性的 ChatGPT 使用规则，结合不同模型的提示词和场景适配，能够帮助用户快速解决问题、提升创意产出，并优化各类内容生成过程。通过实践这些指令，读者不仅能更高效地利用 ChatGPT，还能轻松地解决工作中的复杂任务。

Kimi 的应用方法和操作步骤

1. 快速开始使用 Kimi

（1）访问 Kimi。

（2）打开浏览器，输入 Kimi 的网址（如果在国内使用，可能需要通过镜像站点）。

（3）如果是首次使用，需要注册账号并登录。

（4）选择模型。

（5）登录后，选择对话的 GPT 模型版本，如 GPT-3.5 或 GPT-4。

（6）开始对话。

（7）在对话框中输入您的问题或请求，然后发送。

2. 图文识别对话

（1）上传图片。

（2）在支持图文识别的 Kimi 界面中，找到上传图片的选项。

（3）点击上传，选择您想要 Kimi 识别的图片文件。

（4）图片识别。

（5）Kimi 将分析图片内容，并生成相应的文本描述或回答。

（6）基于文本的图像生成。

（7）输入您想要生成的图像的详细描述。

（8）Kimi 将根据描述生成图像或提供图像生成的建议。

3. 行业应用

（1）金融银行领域：使用 Kimi 进行自动化的客户服务、风险评估和市场分析。

（2）客服行业：利用 Kimi 处理常见问题，提高客户满意度和解决问题的效率。

（3）电商行业：利用 Kimi 生成商品描述、优化广告文案和提升用户体验。

4. 技术趋势

（1）集成 Kimi 到 CRM 系统中，自动化销售和市场营销流程。

（2）广告策划。

（3）使用 Kimi 生成创意广告文案和营销策略。

5. AI 绘图

（1）选择 AI 绘图工具。

（2）找到支持 AI 绘图的 Kimi 镜像站点或工具。

（3）输入描述。

（4）输入您想要绘制的图像的详细描述。

（5）生成图像。

· 点击生成，Kimi 将根据您的描述创建图像。

6. 智能咨询角色

（1）集成 Kimi 到 CRM。

（2）将 Kimi 集成到您的客户关系管理系统中。

（3）自动化咨询。

（4）利用 Kimi 自动化回答客户咨询，提供销售建议。

（5）数据分析。

（6）使用 Kimi 分析客户数据，提供市场趋势和客户偏好的洞察。

7. 数字人直播

（1）选择直播平台。

（2）选择支持数字人直播的平台，并集成 Kimi 技术。

（3）设置数字人形象。

（4）设定数字人的外观和声音，使其更吸引人。

（5）直播内容生成。

（6）使用 Kimi 生成直播脚本和互动内容，提高直播效果。

8. 注意事项

（1）隐私保护：在使用 Kimi 时，注意不要上传包含敏感信息的图片或文本。

（2）合法合规：确保您的使用方式符合当地法律法规。

（3）准确性：虽然 Kimi 能提供很多帮助，但其识别和生成的内容可能不总是百分百准确，需要人工审核和校对。

豆包的应用方法及主要用法总结

1. 基础问答

（1）知识查询：可就各类学科知识（如历史、科学、文化等）、生活常识（如健康养生、美食做法等）、专业领域知识（像金融、法律等）向豆包提问，只需要清晰描述核心问题，豆包就能给出关键信息作答。例如，搜索"如何进行简单的投资理财规划"等。

（2）数理逻辑问题求解：遇到数学运算（如计算"12＋34×5"）、逻辑推理（如一些简单的逻辑谜题）等问题，直接把题目发给豆包，豆包就会调用相应工具帮忙解答。

2. 文档处理相关

（1）文档读取与分析：能接收并读取多种格式文档（PDF、Excel、PPT、Word 等）内容，可按需求执行总结主要内容、分析数据、翻译文档内文字、润色语句等操作。例如，上传一份商务报告的 Word 文档，让豆包提炼关键要点，或者对一篇英文论文文档进行全文翻译等。

（2）内容提取与利用：针对文档里的重要信息，豆包可以依据要求进一步加工，如从一份市场调研报告文档里提取相关数据，并按照特定角度重新整理展示。

3. 内容创作

（1）文案撰写：无论是简短的广告语、产品介绍文案，还是稍长些的文章，告知豆包创作主题、风格要求（如正式、活泼等）、篇幅等关键要素，就能获得相应的创作内容。例如，"写一篇 500 字左右的关于春日旅游景点推荐的活泼风格文案"。

（2）体裁创作：像诗歌、故事、散文等不同文学体裁，也可以指定要求让豆包创作，如"写一首关于友情的现代诗歌"。

4. 图文识别对话

（1）图片内容读取：上传图片或给出图片链接，豆包可以识别其中的文字信息（如图片里的文章段落、图表标注文字等），然后基于识别内容进行对话交流。例如，你有一张含会议记录文字的图片，豆包就能在读取后梳理会议重点或者解答里面涉及的疑问。

（2）结合图片创作与问答：倘若你想围绕某张图片进行拓展创作，如根据一张风景图片写一段与之契合的文案描述或者对图片展示的场景进行知识问答（如图片里古建筑相关的历史知识），豆包都能满足需求。

5. 搜索辅助

（1）信息搜索整合：当你需要了解某个热门话题、特定领域最新资讯等，豆包可以搜索各类信息并整理呈现出来，帮助你快速掌握关键情况。例如，搜索"近期人工智能在医疗领域的应用进展"。

（2）图片与视频搜索：按照描述需求，豆包还能帮忙搜索相关的图片、视频资源，如搜索"关于大熊猫日常生活的视频"，豆包会尽力找到匹配内容推荐给你。

总之，豆包旨在通过多样化的功能和便捷的交互方式，帮助用户在知识获取、内容创作、信息处理等方面更高效地达成目标，你可以根据具体的使用场景灵活运用相应指令进行操作。

通义的应用方法和指令的汇总

1. 基本交互

（1）文本交流：最基础的交互方式，用户可以通过输入文字与通义进行对话，无论是询问信息还是寻求帮助。

（2）多语言支持：通义支持多种语言，用户可以在不同语言间切换，满足国际交流的需求。

2. 高级应用

（1）生成绘画作品：用户可以描述他们想要创作的画面，通义将根据描述尝试生成相应的绘画作品。

（2）制作对口型视频：在通义 App 中，用户可以在"全民舞台"频道创建自己的对口型视频。

（3）识别和解读链接：用户可以分享链接，通义将帮助识别链接内容并提供有用的信息。

（4）联网搜索信息：通过在对话中加入"搜索"指令，通义可以帮助用户查找最新的网络信息。

（5）识别图片：上传图片后，通义可以识别图片中的物体、场景等，并提供相关信息。

（6）语音输入 / 输出：在通义 App 上，用户可以使用语音输入和听取通义的回答，实现更加自然的交流体验。

3. 指令总汇

（1）搜索信息：在需要查询最新信息时，使用"搜索 [关键词]"指令。

（2）生成图像：想要创造艺术作品时，使用"生成 [描述]"指令。

（3）制作视频：参与创意视频制作，使用"全民舞台"功能。

（4）解析链接：分享链接前加上"解析 [链接]"指令。

（5）识别图片：上传图片时，可以使用"识别 [图片]"指令。

（6）语音交流：在通义 App 中开启语音输入和输出功能。

4. 注意事项

当援引文档内容时，通义即生成的信息可能与原文档有所偏差，建议用户对引用内容进行二次核对。

为了保证内容的安全性和准确性，避免在对话中涉及敏感或个人信息。

讯飞星火的应用方法和指令

1. 基础使用方法

（1）注册与登录。

· 访问讯飞开发平台，注册账号并登录。

· 在开发平台主页上找到讯飞星火，点击进入。

（2）创建应用。

创建一个新的应用并进行应用授权，获取应用 ID 和密钥。

（3）集成 SDK。

· 下载并安装讯飞语音 SDK，根据文档进行集成。

· 调用语音 SDK 的 API 接口，实现语音唤醒、识别等功能。

（4）自定义业务逻辑。

根据实际需求，自定义业务逻辑，实现用户需求的具体功能。

2. 具体指令与应用方法

（1）内容创作。

· 撰写邮件：使用"星火撰写邀请邮件"等指令，快速生成邀请邮件内容。

· 工作总结：使用"星火撰写工作总结"等指令，辅助完成工作总结。

（2）教育学习。

· 简历模板：向星火提问获取简历模板。

· 面试技巧：询问星火以获取面试技巧。

（3）创业支持。

· 商业计划书建议：向星火提问以获取商业计划书的建议。

· 公司起名：使用星火为初创公司起名字。

（4）育儿指南。

· 辅食注意事项：询问星火关于宝宝添加辅食的注意事项。

· 学习计划：制订宝宝的学习计划。

（5）广告创意。

· 文案创意：向星火提问以获取广告文案创意。

· 推广策划：使用星火为推广策划方案出谋划策。

（6）开发者工具。

代码编写：使用星火辅助编写代码，如"用 CSS 完成卡片制作"。

（7）多模态能力。

· 图像描述：使用星火进行图像描述和理解。

· 文图生成：利用星火的文图生成能力，根据文本描述生成图像。

（8）个性化助手。

在助手创作中心创建新助手，通过结构化模板定义喜欢使用的助手，并可以进行分享。

3. 新功能应用指令

随着讯飞星火的不断升级，新的功能和应用指令也在不断涌现。例如，讯飞星火 V2.0 发布了代码和多模态能力，用户可以通过这些新功能实现更加复杂的任务。具体来说，用户可以利用多模态能力进行图像推理、虚拟人合成等操作。

4. 总结与附录建议

将上述应用方法和指令整理成表格或列表形式，可以帮助读者更好地理解和应用讯飞星火。附录中可以包括以下内容。

（1）基础使用方法：注册与登录、创建应用、集成 SDK、自定义业务逻辑等步骤。

（2）具体指令与应用方法：按照不同场景（如内容创作、教育学习、创业支持、育儿指南、广告创意、开发者工具、多模态能力等）分类列出具体指令和应用示例。

（3）新功能应用指令：介绍讯飞星火 V2.0 及更高版本的新功能和应用指令。

（4）注意事项：提醒读者在使用讯飞星火时需要注意的数据安全、隐私保护等问题。

腾讯元宝的应用方法

1. 基础交互指令

（1）问答指令。

·普通问题：直接输入您的问题，如"如何进行社交媒体营销的效果评估"？腾讯元宝会尝试给出全面的答案。

·多轮问答：您可以继续追问相关内容，如针对上面的答案追问"有哪些特定的指标"。

（2）知识查询指令

·事实查询："世界上最高的山峰是哪座？"

·概念解释："什么是人工智能中的深度学习？"

2. 特定功能相关指令

（1）文案创作相关。

·创意文案："写一个关于新的电子产品发布的 100 字宣传文案。"

·文案润色："润色以下文案：这个产品的功能很强大，外观很时尚。"

（2）分析建议指令。

·营销分析："分析某品牌线上营销活动的优缺点。"

·策略建议："为新创立的美妆品牌提供初步的市场推广策略。"

（3）文本生成指令。

·诗歌创作："创作一首五言律诗，主题是春景。"

·故事编写："编写一个以太空探险为主题的小故事。"

3. 新的功能应用指令示例（如果有新功能更新）

（1）数据可视化相关（假设）。

· "生成某产品近半年销售数据的柱状图描述。"

· "以可视化方式展示不同营销渠道的流量来源。"

（2）多语言交互增强（假设）。

· "把这段中文营销方案翻译成英文。"

· "以法语提供关于时尚营销的趋势分析。"

（3）行业案例汇总（假设）。

· "汇总互联网行业的成功数字化转型营销案例。"

· "列举汽车行业中利用社交媒体进行口碑营销的案例。"

· 使用腾讯元宝时的一些小提示：①尽量表述得清晰准确，避免模糊的语句，这样可以提高得到相关结果的可能性；②如果对答案不满意，可以使用"重新作答"或者详细补充问题的要求来引导它提供更符合需求的答案。

以下是按照大致使用难度从低到高的顺序，对腾讯元宝常见指令类型的排序。

1. 低难度

（1）简单问答指令。

这是最基础的用法，如"今天天气如何"，"巴黎的标志性建筑是什么"。这类问题不需要特殊的格式或深入的知识背景，只要准确表达问题，就能得到相对直接的答案。

（2）事实查询指令。

像查询历史事件发生的时间（如"第一次世界大战开始于哪一年"）、基本的科学常识（"水的沸点是多少摄氏度"）等。这些问题基于客观事实，不需要复杂的逻辑构建。

2. 中等难度

（1）概念解释指令。

当用户询问一些专业概念，如"什么是区块链技术的基本原理"，这需要对相关领域有一定的了解才能准确提问，并且可能需要腾讯元宝综合多个知识点来给出完整的解释。

（2）文案润色指令。

例如，"润色以下句子：这个计划有很多优点"。这就要求用户能够提供明确的待润色内容，并且对语言风格和表达效果有一定的预期，同时腾讯元宝需要理解用户的意图来进行合适的修改。

3. 较高难度

（1）策略建议指令。

像"为一家传统制造业企业提出数字化转型战略的建议"这样的指令，不仅需要腾讯元宝具备广泛的行业知识，还需要能够根据企业的不同情况（虽然没有详细信息，但要基于一般规律）进行综合分析和规划，涉及多方面的考量和权衡。

（2）多轮问答中的深度追问指令。

在一个复杂话题的多轮问答中，如先问"如何构建一个有效的电商营销体系"，然后追问"在这个体系中如何平衡价格促销和品牌形象维护"。这种深度追问需要腾讯元宝能够持续跟踪话题逻辑并深入挖掘知识。

4. 高难度（相对而言）

（1）数据可视化相关指令（如果有此功能）。

例如，"以折线图形式展示某公司近五年营收增长趋势，并分析波动原因"。这就要求腾讯元宝能够处理数据、选择合适的可视化形式并且进行数据分析解释，其中涉及数据处理、设计和分析等多方面的能力。

（2）行业案例深度汇总指令。

"详细汇总金融科技行业内具有创新性且可复制性强的营销模式案例，并分析其成功的关键因素。"这样的指令就需要腾讯元宝对特定行业有深入的了解，能够筛选出符合条件的案例并进行深度剖析。

需要注意的是，随着腾讯元宝功能的不断发展和完善以及用户自身能力的提升，某些指令的使用难度感受可能会有所变化。

附录二　DeepSeek 智能营销系统深度应用

1. DeepSeek 系统全景解读

　　DeepSeek 智能营销系统作为新一代 AI 驱动的营销基础设施，其技术架构和功能设计体现了当前人工智能领域的最新成果。其系统采用混合云架构，核心算法部署在私有云以确保数据安全，前端应用则托管于公有云以实现弹性扩展。这种架构设计使得该系统能够支持每秒处理 20 万级并发请求，在"6·18"、"双十一"等大促场景中实现毫秒级响应。

　　在技术实现层面，DeepSeek 融合了 Transformer-XL 和 Temporal Fusion Transformer 等先进算法。Transformer-XL 擅长处理长文本数据，能够准确理解复杂的营销文案；Temporal Fusion Transformer 则在时序预测方面表现出色，可以精准预测市场趋势和用户行为变化。这种技术组合使得系统在需求识别准确率方面达到 92.3%，远超传统营销工具。

　　同时，其系统的安全防护体系同样值得关注。通过内置的对抗训练模块，DeepSeek 能够自动识别并过滤 99.7% 的恶意指令注入攻击。而且，系统已通过 ISO 27001 与 SOC2 Type II 认证，为企业级应用提供了可靠的安全保障。

　　在功能进化方面，DeepSeek 的智能内容工厂 2.0 版本实现了重大突破。新增的跨模态风格迁移功能，可以将品牌 VI 规范自动适配到短视频、AR、全息投影等 12 种媒介形态，极大地提升了内容生产效率。动态策略实验室则集成了因果森林算法，在美团到餐类目测试中，能够成功识别出 34% 的伪相关策略，帮助企业避免了大量无效投放损失。

　　实时决策中枢是 DeepSeek 的另一大亮点。该系统支持毫秒级策略调整，某快消品牌在"双十一"期间通过该系统实现了 18 万次动态调价，最终使 GMV 提升 2.1 亿元。这些功能的升级使得 DeepSeek 不仅仅是一个工具，更是一个完整的智能营销生态系统。

2. 零基础入门指南

　　对于初次接触 DeepSeek 的用户，系统提供了全方位的入门支持。在部署方案方面，DeepSeek 支持混合云部署模式，这种设计既保证了核心数据的安全性，又兼顾了应用的灵活性。某金融机构采用这种部署方式后，数据泄漏风险降低了 87%。

　　针对新用户的冷启动问题，DeepSeek 提供了 200 多个行业预训练模型。这些模型覆盖了从快消品到金融服务的多个领域，使得新用户能够在短时间内完成基础数据建模。以化妆品行业为例，新品牌通常只需 7 天即可完成系统部署和初步训练。

同时，其系统的灾难恢复机制同样值得称道。通过跨可用区的秒级切换能力，DeepSeek确保了服务的高可用性。在某电商平台的大促期间，系统成功抵御了大规模 DDoS 攻击，服务可用性保持在 99.99% 的水平。

为了帮助用户快速上手，DeepSeek 设计了情景化沙箱环境。这个虚拟训练场内置了 10 个行业场景，用户可以在这里无损演练各种高风险场景，如直播翻车应急处理等。系统还配备了智能辅助精灵，能够实时监测用户操作路径，当检测到违规操作时自动弹出合规指引视频。

DeepSeek 还建立了完整的成长认证体系。用户在完成 52 个实操关卡后，可以获得 DeepSeek 认证专家证书。数据显示，持证者的平均工作效率提升了 3.8 倍，这充分证明了系统培训体系的有效性。

3. 行业指令与实战融合应用

（1）金融行业：财富管理数字营销。

· 专属指令体系。

/risk_profile [交易记录] → 客户风险承受力画像。

/fin_content [监管要求] [知识水平] → 合规投教内容生成。

/offer_personalization [资产规模] [生命周期] → 精准产品推荐。

· 标杆案例：银行高端客群经营。

数据融合：整合 APP 登录频次（>3 次 / 周）、理财经理面谈记录等 23 项数据源。

智能洞察：发现 35～45 岁女性客户对 ESG 投资关注度同比上升 189%。

内容生产：批量生成 400 份定制化《碳中和投资白皮书》，打开率 78%。

渠道优化：根据客户设备使用习惯（iOS 用户占比 82%），重点投放 Apple News。

效果验证：AUM 500 万以上客户留存率提升至 97%，交叉销售率增长 2.4 倍。

（2）零售行业：全域融合营销。

· 黄金指令组合。

/omni_channel [会员 ID] → 跨渠道行为轨迹还原。

/inventory_trigger [缺货率] [天气] → 动态促销策略生成。

/ar_mirror [体型数据] [新品库] → 虚拟试衣间配置。

· 创新案例：服饰品牌智慧门店。

数据基建：部署 IoT 传感器捕捉试衣间停留时长（平均从 90 秒增至 210 秒）。

智能推荐：当试穿 3 次未购买时，自动推送线上专属优惠券。

内容创新：生成可交互的 3D 面料解析内容，转化率提升 42%。

库存联动：根据试穿热度数据调整生产计划，滞销品占比下降至 7%。

（3）旅游行业：个性化体验设计。

· 场景化指令集。

/trip_curator [社交媒体] [消费记录]→旅行 DNA 画像。

/dynamic_pricing [剩余库存] [热搜词]→智能定价策略。

/crisis_responder [突发事件] [客群]→应急方案生成。

· 实战案例：海岛度假产品重塑。

需求洞察：分析 Instagram 照片元数据，发现 " 无人沙滩 " 搜索量激增 300%。

产品重构：开发 "私人岛屿 48 小时" 产品，定价策略动态浮动（±15%）。

内容营销：自动生成带地理围栏的 AR 明信片，二次传播率 61%。

危机管理：台风预警时自动触发保险推荐，客户投诉率下降 65%。

（4）工业制造：B2B 数字化跃迁。

· 专业指令库。

/rfp_responder [招标文件]→智能标书生成。

/tech_translator [参数表] [受众]→技术文档降维解读。

/supply_chain_forecast [原料] [地缘政治]→供应链风险预警。

· 转型案例：机械装备出海。

知识管理：构建含 50 万条技术参数的全球标准知识库。

内容本地化：自动生成 62 种语言的产品手册，翻译准确率达 91.4%。

商机培育：通过 LinkedIn 内容互动识别高意向客户，转化周期缩短 40%。

4. 高阶玩家秘籍

对于高级用户，DeepSeek 提供了更强大的智能增强策略。联邦学习技术的应用使得某母婴品牌能够联合 10 家非竞品品牌构建联合模型，CTR 预测准确率提升了 27%。因果推理引擎通过双重机器学习（DML）技术，准确识别出会员权益的真实贡献度为 18.7%。

数字孪生建模功能允许用户在虚拟市场环境中预演新品上市可能引发的渠道冲突，这种前瞻性分析帮助企业避免了潜在的市场风险。在企业级定制方案方面，DeepSeek 提供了从模型蒸馏到硬件选型的完整方案，模型压缩比可达 80%。

同时，其系统的合规审计接口内置了 GDPR、CCPA 等 23 项法规的自动核查模块，确保所有营销活动都符合最新法规要求。人机协作框架则设计了 7 种协同模式，根据数据显示，采用这些模式后，人效比提升了 1:4.3。

5. 未来进化路线

DeepSeek 的未来发展将聚焦于认知革命、伦理新边疆和商业新形态三个方向。在多模态大模型方面，系统正在研发能够同时处理视频语义、语音情感、生物信号的融合模型，这将极大提升系统的理解和响应能力。

具身智能系统的开发将使得 DeepSeek 能够在物理世界完成客户接待、产品演示等任务，进一步拓展 AI 的应用场景。自我演进机制则通过构建策略遗传算法库，实现每日自动生成3000＋变异营销策略，持续优化营销效果。

在伦理方面，DeepSeek 正在开发价值观对齐引擎，通过强化学习确保所有输出内容符合品牌伦理准则。数字水印体系采用抗编辑水印技术，确保所有 AI 生成内容百分百可追溯。碳足迹监测功能则实时显示每次运算的碳排放量，助力企业实现可持续营销。

同时，其商业新形态的探索包括 DAO 营销社区、神经符号系统和量子营销实验。基于区块链构建的去中心化内容共创生态，将改变传统的营销内容生产方式。神经符号系统融合知识推理与深度学习，能够处理更复杂的商业逻辑问题。与量子计算实验室的合作，则开启了百万级变量组合优化的新可能。

附录三　本书资料来源

（1）品牌官方发布：各品牌的官方博客、新闻稿、年度报告及官方公告等，如亚马逊、奥利奥、Lululemon、可口可乐、Netflix、星巴克、Spotify、宝洁、丝芙兰和耐克等品牌的官方发布内容。

（2）社交媒体平台：各品牌的社交媒体账号，包括 Twitter、Instagram、TikTok、Pinterest 等，这些平台上的品牌活动、用户互动及内容分享为案例提供了丰富的素材。

（3）行业白皮书与分析报告：相关行业发布的白皮书、市场分析报告及行业趋势研究，如社交媒体营销案例研究白皮书、AI 在零售业的应用白皮书、生成式 AI 在广告中的应用白皮书等，以及如德勤（Deloitte）、普华永道（PwC）等发布的行业分析报告。

（4）AI 技术文献与研究：关于 AI 在营销中应用的学术论文、技术文章及研究成果，如 AI 在推荐系统中的应用研究论文、AI 在音乐流媒体中的应用研究论文、AI 在美妆零售中的应用白皮书、AI 在体育营销中的应用研究论文等。

（5）专业书籍：相关领域的专业书籍，如《体验经济》等，为案例的理论基础和实践提供了参考。

（6）行业会议与研讨会：各类行业会议、研讨会及论坛上的演讲、案例分享和讨论内容，这些活动中的实践经验交流和最新趋势探讨也为案例提供了参考。

（7）在线数据库与资源库：专业的在线数据库和资源库，如行业报告数据库、学术论文数据库等，为案例的背景信息和数据支持提供了丰富的资源。

（8）用户反馈与社区讨论：品牌社区、用户论坛及社交媒体上的用户反馈、讨论和评价，这些真实的用户体验和互动为案例分析提供了实际参考。

后记

在变革浪潮中锚定营销本质

自 2005 年移居加拿大以来，我一直专注于为自雇者和中小微企业主提供创业指导。2024 年，当我重返故土，目睹中国企业界蓬勃发展的数字化浪潮时，深切感受到传统营销范式正经历着前所未有的变革。线下客流被短视频分流，报纸广告的投资回报率（ROI）持续下滑，无数企业陷入了迷茫：究竟是继续坚守"酒香不怕巷子深"的传统理念，还是勇敢投身于"流量为王"的全新战场？

在一次山东省某传统纺织品出口企业的转型研讨会上，一位经理的发言令我印象深刻："我们的设计师每月能推出 300 款新品，但却苦于无法精准触达目标客户。"这正是目前营销困局的典型写照——生产端的高效率与消费端的有效触达之间出现了明显的断裂。如今的消费者早已不再是被动接收信息的"靶心"，而是通过社交媒体成为"意见领袖"，主动参与到价值共创的过程中。企业迫切需要构建的，不仅是产品 IP，更是能够与用户建立情感共鸣的数字人格。

在为 MBA 学员授课的过程中，我曾设计过"AIGC 营销试验"小组讨论。当学员们兴奋地讨论 ChatGPT 文案生成的高效性时，我提出了一个关键问题："如果 AI 能够在瞬间生成百万条广告语，那么我们引以为傲的'创意'价值又在哪里？"这场讨论意外地揭示了一个更深层次的行业焦虑：在技术迭代速度远超人类学习周期的当下，营销从业者该如何坚守自己的职业"护城河"？

正是这些思考推动我完成了这部著作。书中没有晦涩难懂的技术术语，也没有妄言"AI 将取代人类"的惊悚预言，而是试图探寻在技术洪流中保持不变的本质：从甲骨文时代的龟甲占卜到抖音时代的算法推荐，优质内容始终是跨越时空的价值载体；从实体店的体验式营销到元宇宙的沉浸式交互，"以人为本"的需求洞察始终是营销的核心所在。

　　在此，感谢海尔集团董事局主席、首席执行官周云杰先生为本书撰写的推荐序。周总一直负责海尔的全球营销工作，在国际化营销领域拥有丰富的理论知识和实践经验，带领海尔集团走向世界。同时，也要感谢西安欧亚学院创办人、董事长胡建波先生为本书撰写的推荐序。胡院长一直兢兢业业，专注于将欧亚学院打造成中国极具竞争力的民办高校。

　　特别感谢中国海洋大学出版社的专业团队。他们对"赋能"二字的反复推敲令人动容，我们最终确立的"AI 不是替代者，而是营销人的超级助理"这一核心理念，正是源自无数次的思想碰撞。同时，我要向我的师妹刘建颀致以特别的感谢。作为我导师庄贵军教授的博士生，她对书中的每个章节、每个案例都进行了严格的反复验证，确保了本书的专业性和准确性。她还对本书的整体架构进行了合理的安排，特别是最后整理编写了关于 DeepSeek 的最新内容。

　　在成书之际，我特意保留了最后的空白页。这不仅是对未来技术突破的敬畏——毕竟脑机接口可能带来的神经营销学革命或许会颠覆现有的认知框架，更是想提醒读者：营销从来不是寻找标准答案的竞技，而是充满无限可能性的思维实验。当 AI 生成的内容占据社交媒体 70% 的份额时，我们更需要珍视那 30% 源自人类本真的温度表达。

　　最后，请允许我用书中扉页的题词作为结尾："在不确定的世界里，最确定的战略是保持进化。"愿每位读者都能在这场数字营销的认知升级中，找到属于自己的破局之道。

刘毅

2025 年 3 月于温哥华